화홍문

김우영

이 사람아 이 미욱한 사람아
한 놈도 벌어먹이기 힘든 세상에
일곱 자식이나 치마 속 끌어안고도

쉴 새 없이 내어주는
아무 생각 없이
착하고 착한 것아

윗집 조선 최고 미인 첩실 삼은 남정네
연무대 쪽 떠오르는 달 보며
일배 우일배(一杯 又一杯) 자네 눈 속에도 달 있네 그려
실없는 수작 부리든지 말든지

수원천에 앉아
만천명월주인옹의 달빛 물 위에 반짝이는 걸
그저 바라만 보다 꿈만 어지럽히다

상사(相思)로다
장마 들다 햇빛 나는 날
가끔씩 그가 볼 수 없는 무지개나 보여주는
이 사람아

수원 詩人

※題字 : 友香 김애자　※사진 : 김준기

■ **특집 · 2024 수원시인상 수상자** Page 11~25

　　　　　진순분 시인 - 「물의 뼈」 외 9편

■ **수원시인 소시집** Page 27~37

　　　　　김애자 시인 - 「어떤 길」 외 9편

■ **수원 詩人의 詩**　강희동 _ 숲속에서 일어나는 일 외 4편 - 40

　　　　　　　　　고은숙 _ 들여다보기 외 2편 - 48

　　　　　　　　　고은영 _ 그 사람 외 2편 - 51

　　　　　　　　　곽　예 _ 된장잠자리의 일기 외 4편 - 54

　　　　　　　　　구향순 _ 가을 우체통 외 4편 - 61

　　　　　　　　　김광기 _ 남아있는 힘으로 끝까지 외 2편 - 66

　　　　　　　　　김도희 _ 마지막 인사 외 2편 - 69

　　　　　　　　　김석일 _ 늦가을 외 2편 - 72

　　　　　　　　　김순덕 _ 매창 공원에서 외 4편 - 75

　　　　　　　　　김우영 _ 공심돈(空心墩) 앞에서 외 2편 - 80

　　　　　　　　　김종두 _ 숲속의 빈 의자 외 4편 - 83

　　　　　　　　　김준기 _ 낮달 외 2편 - 88

　　　　　　　　　맹기호 _ 나[我] 1 외 2편 - 91

　　　　　　　　　박복영 _ 혼잣말 외 3편 - 94

　　　　　　　　　박일만 _ 디아스포라 외 4편 - 99

　　　　　　　　　박현솔 _ 순례자 나무 외 2편 - 109

　　　　　　　　　성백원 _ 삼겹살 외 4편 - 115

　　　　　　　　　송복례 _ 소문 외 2편 - 121

　　　　　　　　　송소영 _ 가시나무새 외 2편 - 124

2024년 **수원詩人** · 제11집
편 집 인 김준기 · 사무국장 구향순
편집위원 김애자 이상정 임애월 정명희 진순분

송유나 _ 파초(芭蕉) 외 4편 - 127
신향순 _ 굴업도에서 배를 탄 도깨비바늘 외 4편 - 132
윤민희 _ 봄밤 외 2편 - 140
이강석 _ 남은 자가 할 일은 외 2편 - 143
이경렬 _ 사랑, 어쩌지 못하는 외 2편 - 148
이광호 _ 가로수 외 4편 - 151
이상정 _ 녹동항에서 외 4편 - 159
이승남 _ 통증을 넘어 외 4편 - 166
이정순 _ 그 여자의 분홍 외 4편 - 174
이종구 _ 시나리오 문법 외 2편 - 181
임병호 _ 노년의 눈 외 4편 - 187
임애월 _ 고사리장마 외 2편 - 192
전영구 _ 별 외 2편 - 195
정 겸 _ 고양이는 그믐밤에 운다 외 4편 - 198
정의숙 _ 은하수 외 2편 - 207
조병하 _ 수국이 지던 날 외 2편 - 210
조영실 _ 득중정(得中亭) 향나무 외 2편 - 213
한희숙 _ 개똥 쑥 외 4편 - 217
허정예 _ 겨울 산 외 4편 - 223
홍서의 _ 만년필 외 4편 - 228

■ 리뷰(REVIEW) & 서평
　　김광기 _ 작품론 / 김우영 시집『장안문 달빛에 막혀 집에 가지 못했다』- 233

■『수원시인』11집 작품수록 필진 소개 - 244

수원시인협회

〈수원시인 10집〉 출판기념회와 〈수원시인상〉 시상식을 마치고

수원시인 10집 출간기념회에서 임병호 고문

2022년 수원시인상 수상자 이경렬 시인과 김준기 회장

시낭송을 하는 진순분 시인

2024 시낭송회 시로 가을을 열다

2024 이모저모

2023 문학기행 매창공원

2023 문학기행 신석정 문학관 2023 한여름밤의 시낭송회를 마치고

2024 시낭송회를 마치고 2024 시낭송회 시로 가을을 열다

김용문 명장과 함께 하는 수원시인협회 시도자전

불의 숨결에 詩의 魂을 담다

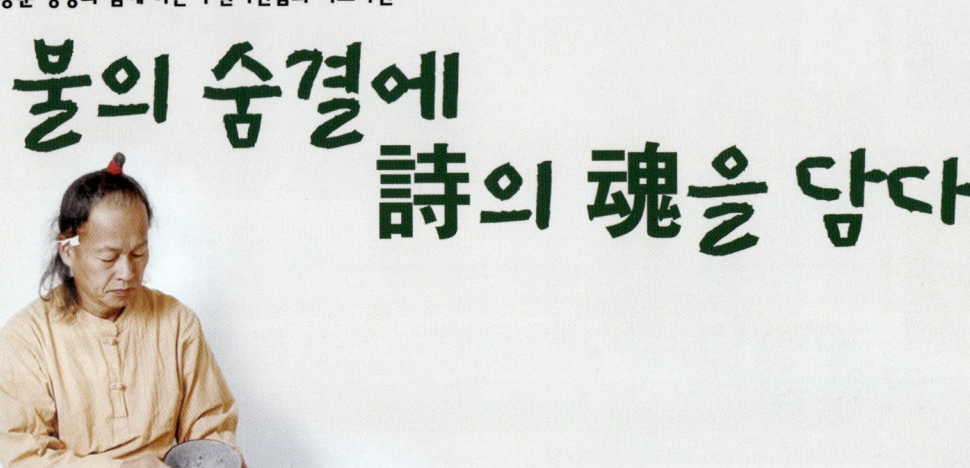

2023년 7월 25일 ~ 7월 31일
행궁길갤러리 (수원시 팔달구 행궁로 18(남창동))

모십니다

김준기 수원시인협회 회장

죽비를 한 번 치면 발우에 밥을 담고
두 번 치면 비운 발우에 숭늉을 받고
세 번 치면 합장과 읍으로 공양을 마치는 스님들
스님들의 발우 공양에는 절차가 있습니다.

하지만 우리네 공양에는 그런 격식이 없습니다.
대신
배고픈 이에게 보리밥이나마 한 술 더
임과 헤어진 이에게는 막걸리 한 잔 더
마음을 담는, 눈에 보이지 않는 절차가 있습니다.
막사발은 그런 이들의 발우입니다.

그릇의 틀을 잡을 때만 장인의 손길이 가고
나머지는 자연의 섭리가 있어야 빚어지는 작은 우주
그릇은 옹달샘이 됩니다.
그 샘물 위로 빗방울이 듣고 꽃잎이 지고
달이 뜨고 때로는 눈물이 번지기도 합니다.

막사발의 세계적인 명장
김용문 작가가 빚어 불의 숨결로 구워낸 그릇에
우리 수원시인협회 회원들의 혼을 담아
수원에서는 처음으로 시도자전을 열며
여러분을 모십니다.

불의 숨결에 시의 혼을 담을 때
그 샘물 위로는 어떤 꽃그림자가 이우는지
누구의 노래가 물수제비를 뜨고 지나는지
함께 느끼고 나누는 시간이 되기를 바랍니다.

고은숙 시인
《한국시학》신인상
한국경기시인협회 사무차장
국제PEN한국본부
한국문협 회원

구향순 시인
2007년 《창작과 의식》등단
시집: 『귀향 연습』
『배랑의 걸인』
경기 시인상 수상
현 수원시인협회 사무국장

권명곡 시인
수원문인협회회원
경기시조시인협회이사
수원시인협회회원
시집 『달콤한 오후』
시조집 『섬을 더가는 시간여행』

김도희 시인
한국문인 협회
한국경기시인협회
경기 여류문학회
수원시인협회
문학아카데미회원
시집 『나의 연주소』

김순덕 시인
《월간순수문학 시 등단》
《월간문학 시조 등단》
시집 『너는 해바라기 나는 바람』
외 2권
풍재문학상 외 수상

김예자 시인
89년 수필등단 후 시,시조 등단
시조집 『흔들을 역이 없다』외
시집, 수필집, 선문집 발간
경기팬문학 대상, 수원시인정,
한국시학 본상 수상

김우영 시인
1978년 월간문학 신인상으로 등단
시집 『부석사 가는 길』 등
한하운문학상, 한국시학상,
수원시상, 수원시문학상 등 수상

이경렬 시인
경기시조시인협회회장
시집 『산계』 외 3권
경기문학인상
수원시인상 외 다수 수상

박복영 시인
월간문학 시 등단
경남신문 신춘문예 시조
전북일보 신춘문예 시 당선
송음문학상 외 다수
시집 『아무도 없는 배꼽』 외 다수

서순석 시인
1957 서울생
1995 시조문학·전료 등단
중앙일보 시조백일장 입상
현재 경기시조시인협회 고문
시집 『내 자리 네 왔자리』 외 1권

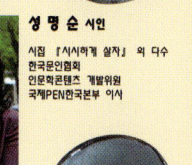

성명순 시인
시집 『시시하게 살자』 외 다수
한국문인협회
인문학콘텐츠 개발위원
국제PEN한국본부 이사

성백원 시인
오산문인협회회장 역임
시집 『천타고 가는 길』 외
경기문학상 방촌문학상
경기시인상 오산문학상 외 수상

송소영 시인
55년 대전 출생
2009년 문학·선 신인상
시집 『사랑의 존재』

송유나 시인
월간문학 신인상
설록문학상 외
한국시학회 회원
수원시인협회 회원
한국문인협회 우리말
바르게 쓰기 위원

신향순 시인
미네르바문학회 이사
수원시인협회 회원
한국문인협회인성교육위원
한국경기시인협회 회원

은민희 시인
오산문인협회 회장 역임
시집 『책들이 나를 보고 있다』
외 2권
동서문학상, 풀잎문학상
독도문예대전 등 수상

이상정 시인
시와 시으로 등단
시집 『붉은 시각』 외 다수
경기시인상의 수상
국제펜 한국본부 이사
표암문학회 회장

이정준 시인
문학시대로 등단
한국문인협회
수원시인협회 회원
시집 『아버지의 필체여』

이춘전 시인
경기 연정출생
홍익대 교육대학원
국어교육전공 졸업
<한국시학> 신인상
수원시인협회 회원

임병호 시인
시집 『J』, 『광교산 가는 길』
등 26권
한국문인상
한국예술문학상 외 다수 수상
국제펜한국본부 부이사장 역임
한국경기시인협회 이사장

임에월 시인
시집 『나비의 시간』 등 6권
전영택문학상 등 수상
<한국시학> 편집주간

전영구 시인
『문학시대』로 등단
시집 『후예』 등 6권
수필집 『이마금』 외 1권
백병문학상, 경기시인상
대표에세이 문학상 외 수상
한국문인협회 감서 역임
수원시인협회 이사

정검 시인
경기 화성출생(본명 정승달)
시사사 등단
시집 『푸른경전』,『공무원』,『공명향』
공무원문예대전 시, 시조지부
행정안전부장관상, 경기시인상 수상
한국경기시인협회 이사

정명희 시인
수원문인협회장
수원문학 발행인
경기팬 직원총
DBS 동우회대상
경기예술가정 외
시집 『사랑 한일 그리움 한일』

정의숙 시인
경기 화성 출생
<한국시학> 으로 등단
한국경기시인협회 사무국장
수원시인협회 회원

조영실 시인
<한국시학> 으로 등단
한국경기시인협회 회원
한국문인협회 회원
수원시인협회 회원
중동조건문학상, DMZ문학상
해동공자 최중문학상,
문경세재문학상

진순분 시인
1990년 경인일보
신춘문예 시조 등단
『문학예술』 시 등단
시집 『익명의 첫 숨』 등 6권
가람시조문학상의 수상
한국시조시인협회 감사

한희숙 시인
수원시인협회 회원
시집 『울 묻는 그때에게』
수원문인협회 감사
수원예술인 대상

허정애 시인
문파문인 등단
한국문인협회 회원
한국경기시인협회 이사
경기시인상 수상
시집:『시의 온도』

홍문숙 시인
원적은 용인, 1958년 수원 출생
<세계일보> 신춘문예 당선
시집 『눈물의 지름길은 양파다』 외
개인전 6회

열/린/시/학/정/형/시/집 173

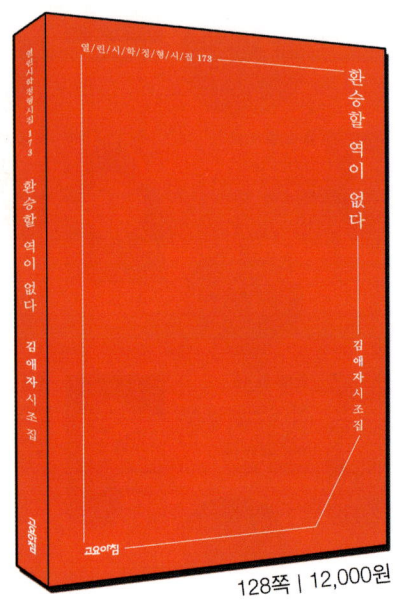

128쪽 | 12,000원

환승할 역이 없다
김애자 시조집

이번 시집 『환승할 역이 없다』는 김애자 시인의 첫 시조집으로 각별한 의미를 지닌다. 일찍이 정형성에 시상을 담아내기 어렵다고 피했던 시조에 이르러 집중하고 시조집까지 펴내기 때문이다. 이는 역설적으로 새로 찾아낸 정형성의 매력에서 비롯된다고 짐작된다. 균형과 절제와 조화를 중시하는 시조에서 새로운 안정감과 정제의 묘미를 즐기게 된 것이겠다. 어쩌면 기나긴 삭임의 시간을 거치며 체화하는 절제에서 진수를 구해온 결과인지도 모른다. 오랫동안 서예에 쏟은 열정에서 수필과 시와 시조에 이르기까지 돌아보면 모두 文에 대한 사랑으로 모아지기 때문이다. 文과 藝의 꽃을 찾아 뜨겁게 걸어온 길이랄까.

— 정수자 문학박사

김애자

춘천 출생. 1989년《시대문학》수필, 2001년《예술세계》시, 2017년《시조시학》시조 등단. 수필집『그 푸르던 밤안개』, 산문집『추억의 힘』, 시집『끝날 때까지는 끝난 것이 아니다』발간. 제물포수필문학상, 올해의 경기문학인상, 수원문학상 작품상, 경기시인상, 경기펜문학대상, 수원시인상 수상. (사)한국경기시인협회 이사, 계간《한국시학》편집위원, (사)국제PEN 한국본부 이사, (사)한국문인협회, 수원문인협회, (사)한국가톨릭문인회 회원.

고요아침 서울시 서대문구 증가로 29길 12-27 동화빌라 102호 02)302-3194~5 FAX 02)302-3198 goyoachim@hanmail.net

2024 수원시인상 수상자

진순분 시인

1990년《경인일보》신춘문예 시조 당선,
《문학예술》시 부문 신인상 당선,《한국시조》신인상 당선.
시집『익명의 첫 숨』,『돌아보면 다 꽃입니다』,
현대시조100인선『블루 마운틴』,『바람의 뼈를 읽다』,『안개꽃 은유』.
가람시조문학상, 윤동주문학상, 경기PEN문학상,
한국시조시인협회 본상, 올해의시조집상, 수원예술대상,
홍재문학상, 나혜석문학상, 경기도문학상 본상, 한국시학상 본상,
시조시학상 본상, 수원문학상 작품상 수상.
수원문인협회 부회장, 한국시조시인협회 중앙 자문위원,
오늘의시조시인회의 이사, 수원예총 부회장.

■□ 2024 수원시인상 _ 선정경위

절차탁마의 과정에서 구도(求道)의 치열함으로

주지하다시피 시조는 거의 천년의 세월을 이어 온, 우리 민족만의 전통적 장르이다. 진순분 시인은 1990년 등단이래, 30여 년의 세월을 그 정신을 갈고 닦으며 외길을 걸어온 시인이다. 시조라는 형식적 제약 속에서도 시인만의 특유한 미적 질서를 구축하고 그 절차탁마의 과정에서 어쩌면 구도(求道)라고 해야 할 치열함으로 일관하였기에 2024년 '수원시인상'의 수상작으로 진순분 시인의 시조 '물의 뼈' 등 10편을 선정하였다.

진순분 시인은 시조라는 캔버스 위에 언어를 붓으로 하여 묵력과 필력이 살아 숨 쉬는 수묵화를 그려낸다. 그리고 그 수묵의 세계에서도 선연히 빛나는 새로운 빛깔들로 고답적 장르로서의 시조를 뛰어넘어 현대의 시조가 지녀야 하는 새로운 질서를 보여준다. 굳이 '푸른' 혹은 '붉은' 따위의 색채 수식어를 사용하지 않아도 그 작품만이 지닌 전체적인 색감을 아울러 느낄 수 있다는 게 진순분 시인의 시조를 읽는 묘미이다. 그 빛은 '풀숲엔 꺼병이들 하늘엔 노고지리/서로가 겨끔내기 청아한 소리 번질 때/햇살이 탱글탱글해 온 숲이 반짝입니다' 처럼 때로는 투명한 연둣빛 아련함 속에서 꼬물꼬물 번지는 귀한 생명의 빛깔이거나 '온몸 다 부서져도 정강이뼈만 남아서/살아선 잊지 못해 가슴에 품고 가다/때때로 울고 싶은 날 그를 꺼내 불어 본다'에서처럼 깊은 밤바다에서나 번지는 프러시안 블루이다.

또한 시어 하나하나를 갈고 닦는 언어의 조탁에서도 시인만의 역량을 유감없이 드러낸다. '햇살이 탱글탱글해', '새소리에 다복다복 여무는 산', '또바기 헤쳐가는 풀벌레 더듬이', '도린곁 숲길' 등 우리말이 지닌 해조(諧調)를 극대화한 시어들이 작품 전편에서 숨 쉬고 있다.

　진순분 시인의 시조를 수상작으로 선정한 가장 큰 이유는 작품을 통한 구경(究竟)의 경지가 큰 울림을 주었기 때문이다. 「장독대의 설법」이나 「오색 딱따구리 법문」의 전편에 내재 된 울림, 그리고 무엇보다도 「오체투지 민달팽이」에서 '더듬이 뻗을수록/그리움 닿는 먼 산'을 향해 '마침내 온몸 다 해져/납의(衲衣)로 변하는 길'일지라도 '외로운 목을 접고/배밀이로 혈서 쓰듯' 가는 치열한 길이 진순분 시인이 걸어온 길이었음을 알기에 주저 없이 진순분 시인을 2024년 '수원시인상' 수상자로 선정하였다.

　완벽(完璧)은 본디 '흠(欠)이 없는 구슬'을 일컫는 말이다. 이 세상에 그런 구슬은 존재하지 않는다. 다만 그런 구슬을 얻기 위해 끊임없이 갈고 닦을 뿐이다. 그런 의미에서 진순분 시인을 수상자로 선정함이 같은 길을 걷는 다른 시인들에게도 훌륭한 하나의 표지가 될 수 있음을 믿어마지않으며 진심으로 축하한다는 말로 선정 경위의 글을 갈음한다.

　　　　　선정위원 : 임병호, 김우영, 김준기(글), 김애자, 임애월

■□ 2024 수원시인상 _ 수상소감

결핍과 슬픔의 정서가 키운 수원 사람, 수원 시인

그 섬은 늘 신비스럽고 고고한 자태로 나를 바라보게 했습니다. 안개 낀 날은 물안개에 잠겨 보이지도 않다가 비가 오면 가슴까지 젖는. 그러나 쉽사리 다가오지 않는 아득한 섬 하나. 나만의 섬에 갇혀 있다는 것을 느꼈을 때 나는 시를 쓰고 있었습니다.

어린 시절 우리 집 뒤란에 우물이 있었습니다. 동네 사람들이 모두 먹는 공동 우물이었습니다. 가뭄에도 좀처럼 마르지 않는 우물이었습니다. 나는 언제나 그 우물가에 혼자 앉아있기를 좋아했습니다. 특히 마음이 울적할 때면 가만히 우물을 들여다보았습니다. 그 우물 속에 동그랗게 내 얼굴이 비치고, 거기다 노래를 부르면 낭랑하게 울려 퍼지는 소리가 참 듣기 좋았습니다. 어느새 울적했던 기분이 사라지는 것입니다.

초등학교 1학년에 입학하고 얼마 있다가 어머니는 어린 동생들만 데리고 군인이셨던 아버지를 따라 최전방으로 가셨습니다. 나는 어린 나이에 부모님과 떨어져 조부와 고모와 생활하게 되었지요. 그때의 외로움과 그리움은 너무나 큰 상실감을 안겨 주었습니다. 나의 유일한 친구는 일기장이었고, 일기장에 무언가 쓰고 나면 외로움도 어느 정도 잊을 수 있었습니다.

3학년 때는 담임선생님께서 매일 일기장 검사를 하시며 잘 쓴 사람 일기를 읽어주셨습니다. 그때 자주 내 일기가 뽑혔고, 이상하게도 내 일기를 읽을 때마다 선생님의 떨리는 목소리가 들리는 듯하고, 이어서 아이들 한둘이 훌쩍이다가 반 전체가 울음바다가 되는 일이 많았습니다.

어느 날 담임선생님께서 여태까지 써온 일기장을 다 가져오라고 하셨습니다. 그리고 그 일기장으로 수원시 교육장님으로부터 특별표창장을 받게 되었습니다. 그 순간 모든 슬픔이 사라지듯 기쁨은 말로 다 형언할 수 없었습니다. 글 쓰는 일은 유일한 즐거움과 자신감을 주었고, 각종 글짓기 대회에서 모든 상을 휩쓸어 오기 시작했습니다.

그때부터 행복이 무엇인지는 몰라도 우물가에서 노래 부르면 기분이 좋아지는 것처럼, 세상은 결코, 어둡지만은 않을 것이라는 긍정적인 생각을 했습니다. 우물을 들여다보고 노래하며 스스로 마음의 위안을 느꼈던 일도, 언젠가는 좋은 일이 있을 거란 막연한 희망으로 어려움 속에서도 글 쓰는 꿈을 키워왔습니다. 결핍과 슬픔의 정서가 오히려 지금까지 문학의 감성을 키우는 바탕이 되었다고 생각합니다.

수원에서 태어나 자란 곳, "수원"이라는 소리만 들어도 귀가 번쩍 뜨이는 내 고향 수원, 초등학교 3학년 1반 72명의 아이와 1명의 어른을 울린 그때 그 작은 어린애가 오늘, 오로지 수원 시인 이름으로 주는 상을 받습니다. 36년 문단 활동으로 지금 여기까지 왔습니다. 이 자리, 참으로 감격스럽습니다. 수원 사람으로 받는 의미 깊은 상이기에 겸허히 받습니다. 고맙습니다.

■□ 진순분 시인의 작품 10편

물의 뼈 외 9편

진 순 분

허공중 너와 내가 물방울 하나 됨은
햇살 가른 맑디맑은 눈동자를 보는 것
투명한 물방울 하나 초연히 비추는 것

오로지 긴 폭포수 외길로 내리꽂힘은
눈부신 직립인 채 무지개 뜨는 찰나
물 화살 콱, 박히도록 푸른 가슴 담는 것

벼랑길 물속에서 흰 물꽃 피어남은
물방울 살갗 찢듯 눈물이 깊어진 것
물의 뼈 꼿꼿한 자아 아픔 반짝 빛나는 것

장독대 설법

비 오면 오는 대로 비를 맞는 섭리인 듯
눈 오면 오는 대로 눈을 맞는 순리인 듯
장독대 보살들 모여
가부좌 틀고 있다

염천에 숨 헐떡여 고비 넘는 뙤약볕에
국화 향기 숨결로 스며드는 갈바람에
오로지 익어가는 일
화두 참선 깊어진다

길고 긴 엄동설한 맵고 짠 결이 삭듯
배불뚝이 헤벌쭉이 도반들 수행하는
동안거 묵언의 설법
별빛 총총 귀 연다

숲길 걸으면

풀숲엔 꺼병이들 하늘엔 노고지리
서로가 겨끔내기 청아한 소리 번질 때
햇살이 탱글탱글해 온 숲이 반짝입니다

산울림 새소리에 다복다복 여무는 산
또바기 헤쳐가는 풀벌레 더듬이처럼
도린곁 숲길 걷다가 돌아봐도 미쁩니다

2인칭이 주는 은유

맨 처음 끌림은 눈빛으로 파고드는 것

매혹된 생각 끝에 별 총총 박히는 것

온전히 내가 너 되어

속속들이 스미는 것

오색 딱따구리 법문

백운사 이른 아침 예불 소리 들려오고
맞은편 숲에서도 "똑 도르르 똑 도르르"
목탁을 또 두드리는 탁목(啄木) 음색 청아하다

어둠 속 중생들 고즈넉한 산사에 들 때
가슴을 텅 비우면 청량해서 더 그윽한
마음 문 환하게 밝혀 오색연등 꽃이 핀다

목탁 소리 상념 하나에 활짝 귀가 열려
마침내 소리를 완성하는 오색 딱따구리
숲속은 주거니 받거니 법문 피워 올린다

궤나*

온몸 다 부서져도 정강이뼈만 남아서
살아선 잊지 못해 가슴에 품고 가다
때때로 울고 싶은 날 그를 꺼내 불어 본다

희망은 오지 않아도 날마다 기다리듯
차마 말 못 할 그리움도 만조일 때
피맺힌 속울음 터져 울리는 피리 소리

가끔씩 정강이뼈 아프게 시릴 적마다
그도 나를 꺼내 애절히 부나 보다
눈물 빛 시공을 넘어 사무치게 부나 보다

*옛 잉카인은 사랑하는 이가 죽으면 그 정강이뼈로 피리를 만들어 그리울 때마다 불었다.

노을

못 본다,
저 노을을

그리움 없는 사람은

사무치지 않아서
간절하지 않아서

목숨 빛
붉은 경전을

아는 이만
읽
는
다

리아스식 시법

빙하기 물길 지층 가슴 깎인 첫 생각
초승달 베어 물고 물새 떼 날아가는
그 길은 깎아지른 절벽
닿지 못한 살갗입니다

차마 그립단 말로 율독 못한 문장들
애오라지 섬 한 채 필사하며 저물어갈 뿐
갈수록 굴곡 심한 협만(峽灣)
가도 가도 허방입니다

필생의 리아스식 가슴까지 차오르고
급기야 온몸 던져 폭포수 뛰어들 때
그 심층 톺아보는 새녘
그믐달 떠오릅니다

오체투지 민달팽이

차오른 눈물처럼
달싹이는 입시울

더듬이 뻗을수록
그리움 닿는 먼 산

마침내 온몸 다 해져
납의(納衣)로 변하는 길

외로운 목을 접고
배밀이로 혈서 쓰듯

아득한 숲 느릿느릿
맨발 생을 가는 길

오로지 알몸의 촉수
그에게 가 닿는 길

회복기의 울음

차라리 품어 안았네, 어둠 속 깊은 통증
산과 들 그림자마저 지워내는 이유를
몰아친 돌개바람은 들풀을 쓰러뜨리고

우련한 뒷모습도 먼 배경으로 들어서면
푸드덕, 날지 못한 버거운 삶 견디다
끝내는 용서하도록 덧나며 아무는 것

비로소 숨죽인 그 울음을 바치고야
영혼의 점등 밝힌 평온함이 오는가
별처럼 젖은 눈망울 으깨진 꿈 주워들고

수원시인 소시집

김애자 시인

1989년《시대문학》수필, 2001년《예술세계》시,
2017년《시조시학》시조 등단.
시조집『환승할 역이 없다』, 시집『끝날 때까지는 끝난 것이 아니다』,
산문집『추억의 힘』, 수필집『그 푸르던 밤안개』.
수원문학상 작품상, 경기시인상, 경기펜문학 대상,
수원시인상, 한국시학상 본상 등 수상.

어떤 길 외 9편

김 애 자

사랑이 끝나는 건
길하나 지우는 일

기쁨과 설렘으로
오가던 노선 하나

다시는 떠오르지 않게
깊이 묻어 잊는 일

입동 나이

입동을 지난 산야 가을 색깔 넘쳐난다
떨구고 가기 위한 마지막 치장인 듯
계절은
어김도 없이
제 할 일을 다 하는데

그 변화에 끄덕이다 내 모습 훑어보니
가기 전에 버릴 것이 이리도 없었을까
들수록
철들지 않는 나이
쟁이기만 바쁜 삶

세상살이

사람 인(人)자 생긴 모양

서로 기대고 부축하는

혼자서는 못 선다는

아름다운 세상살이

생각은

안 맞는다 해도

마음 풀고 손잡아야

자기 위로

볼수록 하늘 맑고 산천은 더 푸르고
달라지는 계절마다 오감 더욱 눈을 뜨니
햇살도 꽃 한 송이도 볼수록 더 아름다워

허나 다시 오는 날들 무엇으로 채워갈까
애써 갈고 닦은 일도 돌아보면 추억일 뿐
이제는 떠날 날 위해 정리를 해야할 때

아까움 덜한 것들 하나씩 내려보자
마음먹고 돌아봐도 버릴 것은 하나 없어
아직는 한참 더 살 거라며 다독이는 자기 위로

부부의 연

티끌 같은 목숨 받아
불현듯 내린 세상
살아보니 인간사란
얼기설기 인연의 틀

사소한
접점으로도
가족 되고 친구도 되고

어떤 인연 고리되어
우리는 만났을까
희로애락 부대끼며
정 나누며 살아가다

때 되면
자락 떨치고
홀연 사라질 사소함으로

백일의 조곡
– 무릎냥이 미꼬

이렇듯 깊은 곳에 둥지 튼 줄 몰랐지

내 검지를 힘껏 잡고 바르르르 떨면서 안타깝게 몰아쉬던 가파른 호흡 사이 조심스레 맞잡은 손 자근자근 눌러주며 마지막 그 순간에 해줄 수 있던 것은 무서워 말라면서 괜찮다고 말해주며 잡은 손에 힘주는 일 그것밖에 없었지 마지막 몸 떨림이 심장으로 전해지고 가쁜 숨결 멈춰지며 잡았던 손 힘 풀리며 세상은 차마 못할 일 너를 떠나 보냈지 하필이면 겨울 잠도 깨어난다는 경칩날에. '아롱이 천국'에서 마지막 너를 볼 때 흰 수의에 감싸여 평화로운 모습으로 깊이 잠든 작은 몸은 화구 속으로 들어가고 아름답던 우리 인연도 그것으로 끝이었지

아직도 난 너를 보낼 수가 없다 백일이 하루 전인 듯

영원한 생명

세상 가장 싱싱한 말, 아가일까 생명일까
그 모두가 존재의 시작을 뜻하는 말
숨 쉬고 활동하게 하는 세상을 이끄는 힘

백 년이 사람에겐 긴 것인 줄 알았더니
눈 몇 번 꿈벅인 새 반백 년이 훌쩍 넘고
어머나, 놀라는 사이 또 몇 년이 흘러가고

우주의 생명 받아 세상에 온 나도 또한
삶의 모든 가능성들 굳건히 지키고자
생명을 오래 간직할 신비의 길 찾아본다

성냥개비 불꽃인 양 눈 깜짝할 새 꺼져가는
이 생명을 영원에 접목시켜 주옵소서
신 앞에 두 손 모으고 간곡히 조아리며

그리운 소리

온종일 비 내리는 한여름 숲길에서
무성한 잎새 위에 끊임없이 속살대는
잔잔한
빗소리 뒤로는
종소리라도 들렸으면

저무는 11월의 황혼녘 숲길에서
무리 지어 휘날리며 떨어지는 낙엽 볼 때
별리의
아름다운 군무
풍경소리 들렸으면

내 혼이 육신 벗고 몸 가벼이 떠올라
빛 밝은 영(靈)의 길로 기쁘게 들어설 때
은은한
성당의 종소리
배경음으로 들렸으면

미망(未忘)

반 백년도 어제런 듯 살아있는 영상으로
내 안에 스며있어 잊히지 않는 것들
현실도 꿈도 아니면서 또렷하나 미망인 것

왜 지키지 못했을까 뿌리 이리 깊은 것을
불확실한 미래가 우리 눈을 가렸을까
잘못은 누구에게나 있거나 혹은 없었거나

내 삶의 가을도 깊어 하나 둘 지워가다
이 추억 어쩔거나 마당을 서성인다
아직도 버리기 아쉬워 쓰다듬는 어릴 적 꿈

작은 평화 스케치

따뜻하게 햇볕 드는
양지 쪽 베란다에
냥이 남매 다정하게
일광욕 즐기는데

넘치는
행복도 함께
햇살따라 퍼지고

평화롭기 그지없는
아침 정경 한 페이지
세상사 어려움들
문득 모두 지워지고

마음도
거기 머물러
명화 한 장 그려낸다

수원詩人의 詩

강희동 고은숙
고은영 곽 예
구향순 김광기
김도희 김석일
김순덕 김우영
김종두 김준기
맹기호 박복영
박일만 박현솔
성백원 송복례
송소영 송유나
신향순 윤민희
이강석 이경렬
이광호 이상정
이승남 이정순
이종구 임병호
임애월 전영구
정 겸 정의숙
조병하 조영실
한희숙 허정예
홍서의

숲속에서 일어나는 일 외 4편

강 희 동

느티나무가 땡볕 가로막아
고맙게도 그늘 드리우는 것은
제 그림자에 잠시 쉬어가라는
것이 아니다

살아남기 위하여 온몸으로
햇볕 막아서는 것이다

상원사 전나무 하늘 찌르며
키 세우는 것도
월정사 기둥감이 되기
위함이 아니다

살아남기 위하여 먼저 볕 마중하며
높이 오르는 것이다

빛 보지 못하면 모두가 끝장
오늘 아침 빽빽이 키 낮은 삶 싣고
지하철 입으로 도시 숲속으로

흡입되는 풍경화

이 세상에서 빛 보기
살아남기 위함이다.

12월은 더 이상 넘길 수 없는 달력

달력
새해를 맞이하는 설렘보다
또 한 해가 사라지는 허망함에
눈시울 축축해진다
무엇으로 흘러왔고 뭘 하고자
버둥거리고 또 무엇이 되고자
아득하게 발자국 남기려는가!
붉은 꽃이 되고자 잎을 버리고
푸른 별이 되고자 남루와 더불었다
꽃도 별도 되지 못한 여한이
눈이 되어 날린다
12월은 멈칫 흠칫 흐르는 눈보라 되어
산골 깊숙이 산꼭대기까지 올라
깊은숨 내 쉬어 흘려보내는 눈보라
눈을 보란 말이다

가요 가

나
가요
나가요
가요 나
나이 들어가요
나들이 가요
수양버들 머리에 창포 꽂고
열여섯 소녀 되어
나 들어가요
나들이 가요.
보듯 보는 듯이
어디 서
본 듯이
나 이제
들어가요

개 살펴보기

똥개가 때로 사람보다 지혜로움은
온 동네가 다 안다 개 짖는 소리
먼 데서 들려도 낯선 누군지 배고픔인지
똥 마려움인지 개소리로 안다

들개가 되지 않으려 꼬리 흔들고
낑낑거리며 아양을 떠는 이 시대 똥개들
복날이 가까워져 오니
삼복에도 몸이 떨린다

산다는 것은 개같이 묶여서
꼬리나 흔들며 먹이를 위해
침을 질질 흘리며 시간을 채우는
거룩한 기도이다

참사람은 개를 조심해야 한다
개 같은 사람은 수두룩 빽빽한데
사람 같은 개새끼 보기 드물다
그것이 개판이다

〈
그러나 슬퍼 마라 그래도 개는
어쩔 수 없이 주인에게 꼬리를 흔들며
복날을 기다린다 개들의 부활을 위해
순교하는 복 받은 날 그날이 오늘이다

새마을 운동 노래가 확성기로 울려 퍼지는
그때의 개들의 합창 소리가 요사이
겨울바람에 실려 아침저녁 끝까지
시도 때도 없는 뉴스 특보로 들린다

길을 가다

내
오라 하지 않아도
봄은 가듯

네
피라 하지 않아도
진달래 불꽃 피워 오른다

한날한시
일제히 꽃 불붙지 않아도
제때 제 자태로 꽃이 핀다

너 가라 하지 않아도
물 계곡 따라
산 아래로 내리듯

나 오라 하지 않아도
비스듬히 산 능선 오르며
길을 내며 기어간다

〈
꿀밤나무 참꽃이나 우거진 숲
그 속을 걸어가는 산객조차도
길을 가는 것이다

길을 내며 들이며
피고 접고 흔들리며
제 길을 가는 것이다

들여다보기 외 2편

고 은 숙

창문 밖에서 안을 들여다본다
맞은 편 고양이들 햇살을 즐기고 있다
굳게 닫힌 문을 뚫고 시선이 멎은 곳
빛과 어둠이 적당히 섞인 어느 상가 안쪽
나들이객들이 사라진 후 상인들도 떠났다
아무리 문을 흔들어도
굳건하게 닫힌 문밖에서
내가 나를 흔들 뿐이다
모두 떠나고 나면 고양이 밥은 누가 주나
햇살만 먹다 허기진 고양이는
야생의 본능을 숨기지 않을 것이다
산기슭을 훑는 쓸쓸한 갈바람에
낡은 간판 관절들이 비명을 지르고
물오른 고추잠자리
낮은 비행을 연습하는 어느 오후에

흔적을 위하여

기억이 엉클어진 그곳에는
울부짖던 환청들 떠다니고
젖은 볏짚 위 오물과 뒤섞인 과거가
오래된 먼지를 덮고 있다
사람들이 콘크리트 바벨탑을 꿈꿀 때
소들의 흔적은 마른 풀잎처럼 흩어졌다
기억은 유년 시절에 멈추어 있고
그리움이 돋아나는 발자국마다 부서지는 이야기들
어둠 사이로 조금씩 소멸해 가는 사람의 냄새
떠나간 그들은 자유를 찾았을까
유리 없는 창틀에 기나긴 여름이 쌓여있다
긴 외로움과 맞서던 울음소리들 떠나가고
새로 이주해 온 눈망울이 또다시 긴 고독에 젖는다
얼마 남지 않았다
소들의 울음소리 그칠 그날이
새롭게 구획정리된 동네에선
우후죽순 고층 아파트들 자라나고 있다

은행나무 밑에서

구겨진 손가락 하나씩 펼쳐내며
꿈결처럼 피어났다
비바람을 견디면
더욱 싱그러워지는 신록의 잎새들

한여름 태양과 뜨거운 바람은
진초록 광합성을 덧칠하고
가지마다 무성한 잎들은 깊은 그늘 키운다

쉽게 잠들지 못하는
아열대의 밤 지날 때마다
황금빛으로 물드는 마법은 시작되고
전설처럼 둥글게 잉태된 무수한 열매들

갈바람에 먼 산빛이 익어갈 무렵
혼자서 가볍게 흔들리더니
후드득
지상으로 끝도 없이 추락한다

그 사람 외 2편

고 은 영

명리에 밝지 못하고
속됨에 호명 당하지 않고
바람불어 자존이 벗겨져도
웃어넘기던 사람

만사를 꿰고 있어도
척이라는 망에 걸리지 않고
느린 달팽이도 지렁이도
굽어보던 그 사람

그리움 노을빛으로 물든다

저 하늘 구름 길에 뉘와 함께 노닐까?
어느 낯선 호숫가에
수줍은 바람으로 일렁일까

어찌할거나

한때는 옥토여서
탐내는 이도 많았는데
다랑논 그려진 이랑엔
흙도 덮지 않고 들깨밭
억새꽃 피어나고

마음 밭엔 세속의 때로
묵정밭 되어버린
앞마당 뒷마당 내 탓이 아니라
어쩔 수 없지 않은가?

통로

아무리 말을 건네도
입 다물고 있던 초록 잎새들이
제 바람을 만나자 함구령이 해제되고

침묵으로 숙려 된 시간의 압박을
다 풀어 놓는다

나설 자리 물러설 자리 사리던 덕목이
제 길이 보이면 거침없이 치솟는 발언대

고통을 호소하거나
사설적이어도 가슴을 터 준 대상 앞에선
신들린 춤꾼이 된다

된장잠자리의 일기 외 4편

곽 예

오늘도 파리 모기 각다귀를
200마리 넘게 잡아먹었다.

눈이 왜 그렇게 크냐?
맨드라미한테 놀림을 받았다.

맨드라미 붉은빛을
두 눈에 담아
잠시 신호등이 되었다.

눈이 왜 그렇게 볼록하냐?
사철나무에게 놀림을 받았다.

사철나무 푸른빛을
두 눈에 담아
잠시 신호등이 되었다.

고물상 가는 할머니 따라가서
저울 위 종이박스에 나도 올라갔다.

으라차차 두 눈에 힘을 주었다.

가을 송충이

버드나무에 송충이가
다닥다닥 붙어 있다.

콩잎에도 송충이가
다닥다닥 붙어 있다.

가을에는 송충이도
아파트 분양받느라
바쁜가 보다.

아무리 바쁘게 움직여도
버드나무 아파트
콩잎 아파트에
입주하지 못하는
송충이도 있나 보다.

바짓단

형에게 물려 입은 바지
내가 탐내던 바지
조금 길어서 접어 입은 바지

바람 불고
봄비 오는 날

학교에서 나와
일월 저수지 지나
일월 도서관 지나
황새울 공원 지나
우리 집

바짓단 안에는
흙
솔잎
송홧가루
꽃잎
지푸라기

별

그리고
발목을 둥글게 감싸며
흐르는
바짓단 시냇물

대화

2월에 핀 개나리가
"아이 추워, 어떡하지?" 하면 —혼잣말
그 곁의 느티나무가
"오늘만 참아, 개나리야
내일부턴 따스해진대!" 하면 —대화.

밭을 파헤치던 멧돼지가
"먹을 게 하나도 없네." 하면 —혼잣말
감자를 주면서 농부가
"미안하다, 사람들이
산을 다 파헤쳐서!" 하면 —대화.

길가에 주저앉은 할머니가
"사탕, 사탕!" 하면 —혼잣말
지나던 아이가 초콜릿을 내밀며
"우리 할머니도 당 떨어지면
사탕 찾으세요!" 하면 —대화.

거울을 보던 아이가 웃으며

"거울아, 거울아!
세상에서 누가 제일 예쁘니?" 하면 —혼잣말
거울 속 아이가 따라 웃으며
"경선아, 경선아!
세상에서 니가 제일 예뻐!" 하면 —대화.

둥근 저녁 식탁

우리 가족은 네 명
고구마를 캤다

엄마는 고구마 밥을 짓고
우리는 신문지 깔고
고구마 줄기를 벗겼다

"밥이 엄청 질어요!"
둥근 저녁 식탁에서
엄마가 말했다

"장화 신고 먹으면 되지요!"
새아빠가 말했다.

가을 우체통 외 4편

구 향 순

누군가
머뭇머뭇 놓고 간
망설임 하나

소나무에 반하다

나 저 소나무에 반하다
산 능선 고즈넉이 꼬장꼬장
푸른 눈의 먼 응시를 보는 수간

문득 창호지 문에 어릿어릿
세한도를 그렸을 외로운 사내
곧추세워 고독한 등을 읽는 듯

오매불망 기다리는 자식 생각
잠 못 들어 서성이는 어머니인 듯

폭설을 뒤집어써 늘어진 어깨
힘내라 북돋아 주는 동기간 같은

바람 냄새 밥 짓는 저녁연기
멀리서도 반가워 달려가고 싶은
끌리는 오감에 그냥 반하다

적막, 그리고 여백

바람의 어금니와 맞서야 했던 청춘은
허기진 눈물 밥으로 뼈대를 세워왔다

몸을 지탱케 하는 지팡이 하나가
끙, 기울어 가는 하늘을 환하게 떠받친다

부들부들 떨리는 몸의 균형을 위해
오롯이 침묵으로 훈련된 노인의 적막

저마다 색과 빛을 발산하는 자연 앞에
느릿느릿 눈빛으로 어루만져 화답하는

마지막 뜨거움을 태우는 붉은 장미처럼
고요하고 깊은 눈동자 속 한 폭의 여백

개기월식, 다시 쓰는 신화

아버지 얼굴은 그림자만 봤다는 쉰네 살 저 여자
여덟 살 아이로 버려지던 마지막 밤을 읽는다
야금야금 갉아 먹히던 묘연한 그림자놀이
무슨 말인가 웅얼거리던 입술 사라지고
휘영청 밝은 애월이 출렁이는 파도에 먹혀들 때
꼴깍 한 덩이 절망을 삼켰을 작은 아이
불을 토하듯 뱉어낸 그림자에게 결말을 짓듯
끈적한 혈육 잘라내는 엄마의 마지막 말
이 바보야 신화는 다시 쓰면 되는 거야
그때부터 저 여자, 가슴 깊이 새긴 문장 하나
슬픈 비문처럼 삶을 끌고 가는 다시 쓰는 신화
긴 서사가 닮은 안녕과 악몽을 베고 잠들던
그 지난한 세월 세 아이의 학사모를 쓴 엄마가 되어
담담하게 그날 밤 그림자놀이의 주역을 부른다
아들이 낳아 안겨준 손자 손 꼭 잡고
엄마, 보고 계신가요 신화는 이렇게 쓰는 거예요

풀등이라는 이름

처음 마주했을 때 놀랍도록 설움이 복받쳤다
고래의 등처럼 잠시 떠올랐다가
영영 붙박여 가만한 이름

삶의 바다 한가운델 사력 다해 떠받친
굽은 가장의 등같이 가슴 먹먹해지기도 하는

먼 항로의 지친 목숨들이 깃들 때
그중에 있어 다시 살아갈 힘을 얻었다면
또 누군가에게 내밀어 따뜻한 등이 되고 싶은

밀물처럼 밀려왔다 썰물처럼 밀려 다시
삶으로 돌아가는 사람들 묵묵히 배웅하는 이름

남아있는 힘으로 끝까지 외 2편

김 광 기

추수를 끝낸 벼 밑동에서 파랗게 올라오는
싹들을 보며
언젠가 무 윗동을 접시에 담아놓았더니

책장 턱에서 푸르고 성하게 싹을 밀어 올리다가
꽃까지 피워내는 생명력을 보고 놀랐던
기억을 떠올린다.

생명이 남아있는 것들, 계절에 따르지 않고
적당한 선에서 타협하지도 않고
남아있는 힘으로 끝까지 싹을 틔우고 있다.

시리게 쓸쓸해지는 가을,
가지는 시들어가고
잎들은 누렇게 물들고 있는데

스산한 담장 가에서 빨갛게 꽃을 피우고 있는 장미들
아직 꽃 피울 여력을 보이며
낙엽이 지고 있는 거리를 밝히고 있다.

여명 속의 휘파람새

거무스레함이 희끄무레하게 풀어지고 있는 새벽,
다른 새들은 음이 짧기도 하고 길기도 한데
휘파람새는 한결같은 가락으로 지저귀고 있다.
그 소리를 새기며 대화를 엿들으려 하지만
도무지 알아들을 수 없는 저들의 이야기
그래, 무엇인가 다른 것이 있겠지 하고 한참을
귀 기울여 보아도 끝내 알 수 없는 그들의 소리는
언제나 이른 아침부터 끊임없이 들려오곤 한다.
새들의 무리 속에는 휘파람새만 있는 것이 아니다.
다른 새들의 무리도 시끄럽게 떠들고 있다.
날마다 저들이 새벽부터 저러는 이유도 궁금하지만
휘파람새의 휘~ 휘리릭, 퓌~ 써르륵 소리는
도대체 무엇을 말하려는 건지 가늠조차 할 수 없다.
마침내는 쭈그리고 앉아 뭔가 있겠지 하는 마음,
그들의 새벽과 나의 새벽이 무언가는 다른
그 삶의 모양이 우리에게는 있을 것만 같다.
가깝게 사는 이웃이지만 더는 가까워질 수 없는
옅은 안개처럼 풀어지고 있는 이 아침의 기운들.

천년의 연(緣)

태백산 꼭대기쯤에서 주목(朱木)은 자란다.
살아서 천년을 살고 죽어서 천년을 산다는 나무,
높고 깊은 산 속에서 오로지 하늘만 보고 살며
나날이 붉은 노을을 몸속에 재어놓은 주목의
그 붉은 뿌리를 낯선 집 거실에서 만난다.
아직도 살아있는 듯 나무는 매끄럽고 단단하여
집안의 탁자, 의자로 쓰이고 있는데도 범상치 않다.
나무를 깔고 앉아 천년의 가치를 얘기하는
주인장의 넉살은 백 년의 꿈조차 채 꾸지 못하는
범부의 삶을 더욱 초라하게 하고 있다.
괜한 삶이 미안하다. 주목을 어루만지기만 한다.
여름도 겨울 같았을 태백산 깊은 숲에서
나무는 어떤 삶을 살았는지, 바람 소리 잔잔히 들리고
웅성거림이 잠시 감지되는 듯도 하였지만
그뿐이지, 어찌 그 기운을 알 수 있을까.
천년의 역사 살피며 삶의 연(緣)을 느끼는 것은
그리 어렵지 않은 것도 같지만 천년의 앞은
마음만으로도 도저히 가닿지 못할 꿈같은 길이다.
주목에게 묻지만, 살아서는 하늘만 보던 나무가
생각을 단단하게 굳힌 채 바닥만 보고 있다.

마지막 인사 외 2편

김 도 희

이런저런 약으로 의술의 힘으로
채우고 덜고 이어가며
페인트 칠하듯 감춰가며
버텨가는 날들

걱정도 가물가물
즐거움도 묻혀버린
삭막한 들판의 저녁
얼만큼 사람답게 살았을까 생각한다

흙담이 비바람에 무너지듯
조금씩 기울어져 간다.
이쯤에서 살아온 길 돌아보며
마지막 인사를 준비해야겠다.

백일의 생

파편처럼 박혀오는 폭염 아래
백일을 피고 지는 꽃
화려한 듯 단아하고 요염한 듯 수줍은
염천에 여린 속살 드러내고
환하게 웃고선 배롱나무

잔가지에 앉은 바람 한 올
놀자고 건드리면
부끄러워 남모르게 떨고 있는 너

꽃그늘 길게 누운 저녁나절
늦털매미 울음 따라 소슬바람 지나가면
한 잎씩 꽃잎 떨궈
떠날 준비 바쁘다

어머니의 세월

기억조차 머뭇머뭇 다가오지 않는
미움도 지워진 세월
산비탈 기울기만큼 휘어진 허리로
철마다 도라지 더덕 산나물 뜯으며
억척으로 지켜온 어머니란 이름

저마다 둥지 틀어 떠난 자식들
인적 드문 산골 너와집엔 텅 빈 가슴으로
시간을 지키는 어머니가
껍질처럼 바람에 흔들린다

간간이 그릇에 부딪치는 숟가락 소리
쓸쓸함의 심지를 돋우는 저녁
어머니는 열일곱 소녀 꽃신을 신고 웃는다

다시 돌아오고 싶지 않은 어머니의 세월
바람을 몰고 와 처마 끝에 풍경을 흔든다
뎅그렁뎅그렁

늦가을 외 2편

김 석 일

바람 불어
흰 머리 엉키는 날

더할 것도
뺄 것도 없는
삶의 무게를 가늠하다
괜한 서글픔에, 오롯이

구차하고 눅눅한 삶을
낙엽 위에 펼쳐 놓고
뼛속 깊이 꼭꼭 숨은
외로움을 솎아낸다

명치 끝 후비는
독한 술 한 잔과
라일락 향 살 냄새가
왠지, 사뭇 그립다

후회

아내가
고왔던 시절엔
사랑한다 그 말 못 했다

바람 한 줌 모아 줘도
행복했을 사람인데
별을 따다 주마고
많은 날을 허송했다

세월 흘러
작아진 그녀 옆에
노란 은행잎 하나
팔랑 내려앉는다

그 은행잎 주어
그녀 손에 쥐여 준다

절 마당에서

내가 나를
사랑하고 미워했다

풍경 밑에 늘어진
이승의 끝자락을 잡고
허공을 베는 합장
초혼(招魂)인가 번뇌인가

버리자고 하면서도
못 버리고 품었던
백여덟 개도 넘는 무명(無明)

눈 부릅뜬 사천왕이 무서워
절 마당에 던지지도 못하고
감은 듯 눈 뜬 부처만 바라본다

풍경 소릴 달래는
목탁 소리가 낭랑하다

매창 공원에서 외 4편

김 순 덕

보슬비 오락가락 촉촉이 내리던 날
꽃잎으로 환생한 듯 미소 짓는 철쭉꽃
눈물을 삼키는 듯이 애처롭게 비를 맞네

애틋한 사랑을 속삭이던 어린 나이
남몰래 흘린 눈물 명주 저고리 다 젖어
혹독한 이별 뒤에는 그리워서 잠 못 든 밤

많은 날 외로움을 노랫가락 풀어내고
관비의 딸이라 서러움도 많았건만
애달픈 거문고 소리 빗소리로 흐르네

밤새가 울면

뒷산에 부엉이가 밤새 울어 지친 밤
건넛방 아버지 이야기책 읽던 소리
철들어 뒤돌아보니
어디에도 안 계시네

앵두꽃 활짝 피어 뜰아래 향기 날 때
사춘기 몸살로 애태우던 유년 시절
마음을 보듬어 주던
아버지 보고 싶다

책 읽던 겨울밤

거리에 자동차도 숨죽인 새벽녘에
길가 졸고 있는 가로등 불빛마저
희뿌연 밤안개 속에 지새운 시간의 향기

창가에 행간처럼 적막함 닦아 볼 때
생각은 졸다 깨다 읽는 책도 가물대고
떠오른 새벽 별 뒤에 동트는 불면의 밤

까치는 이른 새벽 그리움 토해내고
긴 밤 고뇌 끝에 건져 올린 글귀 하나
살며시 움켜쥔 사유 한 줄을 남겨 쓴다

가을 노래

바람 숲 억새꽃은 은빛으로 빛나고
하나둘 단풍 드는 산과 들의 나뭇잎들
가을 길 코스모스가
미소 짓는 초가을 날

청아한 푸른 하늘 수평선 맞닿을 듯
꽃송이 한들한들 고추잠자리 날아들고
귀뚜리 독경 소리를
가슴으로 듣는다

어머니 가시던 날

험난한 세상을 이겨내고 살아온 삶
행복과 괴로움도 낙엽 되어 떨어지고
지나간 젊음도 한때 다가온 슬픈 이별

영원한 안식으로 잠자는 듯 누워서
한마디 말도 없이 입술을 다문 채
먼 길을 떠나가시던 시월의 밤 깊었네

힘겨운 삶의 소풍 가지런히 접어놓고
먼저 가신 아버지 계신 그 옆자리
나란히 팔베개하고 어머니 잠드셨네

공심돈(空心墩) 앞에서 외 2편

김 우 영

본래는 전생의 기억조차 없었던
무형체인 내가
알음알이로 이 면목의 형체를 지어

꽤 오랜 날 살아왔으니
이제 그 잡스런 물건 가득한
마음 좀 텅 비우고

주어 목적어
수시로 형상 짓지 말 것이며
바람이나 빗방울, 구름에 순응할 것이며…

내가 보고 들은 것은
이것이 전부
남김없이
다 토해내 텅 비었으니
다시 막걸리나 한잔 하세

공심돈에서 술을 마셨다

시선이 가는 곳에
그게 있었다

본질보다 더 빛나는 모양으로
대유둔 너머
여름 눈발 바라보고 있었다

아직 사람이 보이지 않는 새벽
담쟁이 덩굴 속에 숨은 총안(銃眼)에서
생각들이 무수히 날아올라 성곽을 배회했다

"아름다움을 보지 마라"
그중 한 생각이 술잔 속으로 떨어지는 것을 보았다
쯧쯧쯧 아무래도 내가
그때에 거기 서 있었던 것 같다

날이 밝을 때까지도
마음 비우지 못하고
그와 헤어졌다

오늘 새로운 성이 쌓인다

거기서 사람들이 걸어 나와
손을 잡는다
성을 쌓는다
마을을 이루고 삶이 시작된다

거기서 소리가
흘러나온다
어깨를 끌어안고 노래 부른다
오, 경계가 사라진다

여기에서 그 소리 다시 듣는다
너
나
우리
있음으로
그 소리 우리에게 다시 온다

오늘 새로운 성이 쌓인다
경계 허물어지고
자유의 성이 쌓인다

숲속의 빈 의자 외 4편

김 종 두

나는 숲속의 빈 의자
산새 소리에 잠을 깨고
아침 햇살에 눈을 뜬다

나뭇잎 입 맞춘 솔바람이 쉬어가고
다람쥐, 청설모가 다녀가는 길목
등을 대고 가슴을 연다

산 오르다가 지칠 때
물 한 모금, 커피 한 잔이 간절할 때
반갑게 문을 여는 산속 카페

수다스러운 여친도 호기 부리는 남정네도
지팡이 짚은 등 굽은 노친네도
내 소중한 연인

해 지면 달빛 별빛 내려와
산 식구들과 어울려 노니는
산 뜨락이고 어머니 품이다

쑥대밭

채마밭에 주인이 제 노릇을 못해
쑥대가 주인 노릇을 하니
온통 천지가 쑥대밭이다

쑥대에 망초, 찔레에 아카시아까지
온갖 잡초가 제 세상인 듯 뒤덮으니
무법천지의 개 잡초 세상이 되었다

권모술수와 모략 협잡이 판치는 패거리 싸움터
거짓말, 오리발, 모르쇠, 배 째라 식 막가파 막장
염치와 도덕, 대의명분도
참되고 아름다운 인간 본성도 사라진 말세

언제쯤 밭 주인이 정신 차리고 나타나
쑥대밭 밑동부터 갈아엎고
청정한 채마밭 새로 가꾸려나

세월의 미소

뜰 앞 감나무에 대봉감 홍시
봄 꿈에 젖어 감꽃 수줍게 피우더니
어느새 가을빛에 붉게 물들인다

불타는 여름 땡볕
폭풍우 몰아치는 어둔 밤
끔찍한 병마의 고통 이겨내고

참새와 매미
구름과 바람
달빛 별빛의 연민을 담아

저리도 곱게 물들고
동글게 영글어
대봉감 홍시로 붉었다

아픔과 슬픔, 상실의 고통도
작은 웃음과 평안의 기쁨도
저리 넉넉한 세월의 미소로 품었구나

몽셸미셸(Mont-Saint-Michel)의 돌탑

"바다 위에 성을 쌓아라"
악마를 무찌르는 대천사, 성 미카엘의 꿈의 계시로
노르망디 바위산에 쌓은 예쁜 돌 성
프랑스 몽셸미셸

물이 들면 바위섬이 되고,
썰물 때엔 갯벌 위의 바위 언덕
모래 사구에 드넓은 해안
석양이 아름다운 몽환(夢幻)의 돌 섬

수도원에서 교회로, 성당으로
요새로, 순례지로, 감옥으로
중세의 찬연한 역사가 소용돌이치는
성채와 돌탑이 빼곡한 바위산
성탑 꼭대기엔 대천사의 나래가 펄럭인다

영혼의 음악이 나직이 흐르고
신비의 영감이 오롯이 솟아나는 성지
썰물 때를 기다려 걸어 오르면
바닷새들은 나래를 접고
순방객들은 두 손을 모은다

새벽을 깨우는 날춤

쿵짝 쿵짝~ 쿵짜작 쿵짝~
남자는~여자를~귀찮게 하네~
바이 바이~ 바이 바이야~
팔달산이 새벽잠에서 화들짝 놀라 깬다

흔들고 찌르고 뒤틀고 돌리고
손뼉 치고 발로 차고 걷고 뛰고
신들린 듯 리듬을 타고 날춤을 춘다

퍼득이는 물고기처럼
날아오르는 새매처럼
주체할 수 없는 끼와 멋을
허공을 향해 뿜어낸다

토끼로 뛰고, 얼룩말로 달리고
나비로 나풀거리고 새로 날다가
낯선 막춤꾼으로 돌아가
서툰 율동미를 뽐낸다

낮달 외 2편
– 志鬼의 노래, 그 열 번째 선덕이 낮달을 노래하다

김 준 기

봄날 아침
눈 뱌비던 버들개비의 꿈
푸르디푸른 꿈으로 엮은 동아줄

인제는 닳고 닳아
가을 저녁놀 비낀 억새풀빛
우리 인연의 빛깔도 그렇게 바랬구나

차마 끊길세라
한 올 명주올 인연의 가닥을
가야금에 얹어 너를 보내나니

잘 가라 착하고 못난 사람아
쪽빛 하늘 물수제비를 뜨는 현(絃)의 울음
돛도 없이 서쪽으로 가는 하얀 배에 너의 긴 잠을 싣고

동백
– 志鬼의 노래 열두 번째 – 동백꽃 이우는 밤에 지귀가 또 선화에게

만약에
너와 나의 사랑 이야기가
차마 말 못 하는 눈짓으로만 전해진다면

붉은 핏빛 입맞춤도
그저 열여섯 살 댕기 머리 애기가
지 달뜬 가슴으로 지어낸 이야기라고

그렇게
뚝
뚜욱 떨어진 꽃잎은

하얀 눈밭의 차가운 숨결을 이겨낸 달빛도
차마 가까이하지 못한
뜨거운 시샘이었다는 이야기가 된다면

그대는 이승에 남을지라도
내 오늘 아침 건너야 할 강에
떠 있는 꽃잎 하나

철쭉
– 志鬼의 노래 열한 번째 – 선덕이 봄밤을 홀로 새며

너와
나의 사랑이 저 소백산
허리를 두른
수줍디수줍은 붉은 치맛자락이었다면

그 골짜기 흐르는
샘물 소리가
차마 못 전한
눈짓이었다면

오늘 밤
또 소쩍이 울까

피가 달랐다고
붉게 피어 손이나 흔들지 말지

나[我] 1 외 2편

맹 기 호

눈을 들면 보인다

왜 세상에는 아무것도 없지 않고
무엇인가가 있는가

존재는 왜 존재하는가

세상을 반 이상 살았는데 사유는 끝나지 않는다
무엇으로 나를 위로하랴

눈들 들면 또 보인다

나[我] 2

소크라테스도 죽었다
유한함보다 더 큰 벽은 없다

살아온 날은 고통이었다
슬픔은 시인의 양식이었고
고독 속에서 울며 먹었다

드물게 기쁜 날 그동안의 고통이 두 배였다
기쁨의 뒷벽엔 언제나 슬픔이 똬리를 틀고 있어
좋은 날도 눈물을 뿌렸다

떠나는 날 슬프다 해도
살아있는 시간에 기쁘고 싶은 것은
내가 날 사랑하는 때문일까

버리면 얻는다 했는데
절명의 날
날 버리면 얻어질까

여명(黎明)

잠이 덜 깬 바람이
창문에 휘파람을 보냈다

귀 기울이면
부엌에 어머니 바쁜 걸음 있고
아침 햇살이 담에 기대는 소리 들린다

다시 바람이 먼동을 깨워 나를 태울 때
주머니에 버석거리는 소리 있어 들여다보니
종이에 희망이라 적혀있다

그래 어서 일어나야지
힘을 내야지

혼잣말 외 3편

박 복 영

펴다 만 노인의 손바닥 주름에서 혼잣말을 듣는다

몸 안의 말들을 모으는 구부린 손가락에서 그림자 진 주름과 주름이 망설임 없이 만나는 것을 보았다

아무도 모르게 오랫동안 뒤척였을

추억을 놓지 못한 노인의 쓸쓸한 한때처럼 손안에 남겨진 말들은 이미 사랑을 잃어버린 얼굴이다

오래전에 들어보고 싶었을 안부들

생과 생이 만나듯 함부로 낭비하지 않은 환한 시간들이 주름과 주름의 두 손을 맞잡고 있다

수런거리는 말들은 덧없이 흩어지는 초저녁 눈발 같은데 안타까운 주름이 주름을 안아주고 있다

우묵한 손바닥을 쥐면 따듯해지는 주름의 말

아무르 강가에서 나는 울었다

가늘고 긴 실핏줄들이 힘줄처럼 꿈틀거리며 불끈, 일어서서 심장을 찾아가듯 얽히고설킨 아, 아무르강

노모의 주름이 저런 것이다

쥔 주먹을 편다. 수많은 잔금들이 잡고 있는 주름들로 손바닥은 팽팽해진다. 기울지 않고 단단히 균형을 잡고 있는 강의 줄기처럼, 쥘 때마다 터질 듯 부풀어 오르는 힘줄처럼

늙는다는 것은 낯익은 시선이 꿈틀거리는 것

손금처럼 주름들이 잡고 있는 저 쭈글쭈글해진 야윈 몸이 강줄기를 당겨 단단히 나를 세우고 있었음을. 욱신거리는 통증을 견디며 물길을 읽어주고 흘러야 할 때 주름을 풀어 강물의 심장 소리를 들려주고 있었음을

아무, 아무 일 없다는 듯 아랫목에 웅크린 노모의 굽은 몸 같은 아무르강. 서글프고 서글퍼서 또 서글프다

흘러야 할 강물이 흐르지 못하는 아, 아무르강

물속의 방

선술집 불빛을 따다 바닷물에 씻으면 동백꽃이 될까
물메기탕에 수저를 담그면 왜 미안할까

쏟아지는 눈발이 불안한 듯 버려지고

어떻게 지내? 어깨에 쌓인 눈을 털며 최 선장은 한 뼘의 휴식을 꺼내 건네주었으나

수저에 뜬 불빛은 꽃잎 같아서

식탁 의자에 앉을 때 삐꺽이는 소리는 아팠고 떨어뜨린 젓가락은 가슴을 찔렀다

연탄난로는 가까웠으므로

술 한잔 드려요? 일정을 묻는다

수저에 조심스레 입술을 대보면 눈물이 일렁이는 것 같아 차마 삼킬 수 없는데

〈

　아이는 돌아오지 않았고, 식탁 위에 기울어진 불빛이 우두커니 앉아 꽃이 질 때까지

　입안의 꽃잎들은 선착장 눈발처럼 흩날렸다

　눈발이 항구의 불빛들을 지우는 동안

　내일이 아프다는 말을 들었다

Dry Flower
― 백장미

누가 내 이름을 불렀는지

시퍼런 등뼈에서 올라오는 쓴물을 삼킬 때마다 가시에 찔린 배추흰나비의 날갯짓 소리가 들렸다

오래 견디려면 숨을 멈추어야 했고 뭉친 근육을 풀려면 두 어장의 꽃잎을 놓아야만 했다
숨비소리 트는 해녀처럼

추억을 잊기 위해 편편의 꽃잎을 그늘에 맡긴다

꺼지기 전 불빛이 가장 환한 것처럼 숨이 툭, 툭, 끊어지는 순간이 가장 아름다운 것

풀거나 놓았을 때

비로소 얻는 오랜 이름. 나는 저녁 불빛에 시래기 다발 같은 네 이름을 세워두었다

디아스포라 외 4편

박 일 만

불현듯 뿌리 뽑혀
낯선 땅 척박한 벌판에 버려져
갈대와 함께 서걱대며 울었다

짐승과 벌레들이 뒹굴며 싸우는
피 묻은 이국땅에 내던져진 몸들
땅속 흐르는 물소리 찾아 두더지처럼
토굴을 짓고 살았다
몸은 부서지고 뼛속에선 짠물이 흘러나왔다

고려인 강제 이주명령!

밟히고 차이고
육신은 골병들었으나
신념은 오히려 활활 싹이 터 올랐다
영혼을 털어 넣고 땅을 일구며 살았다

싹은 꼿꼿하게 머리를 쳐들었고
말소리는 열매로 영글어
조국처럼 머릿속에 단호하게 맺혔다

〈

태생을 먹고 자란 말
젖줄을 휘감듯 뇌리에 흐르는 말
잊지 않으려고 되뇌고 되뇌었다

강제 차단된 말을 몰래 꺼내
아리랑을 부르고
아리랑 춤사위로 거친 땅을 일구고
굶주림을 차라리 낭만으로 견디며
전쟁처럼 전쟁처럼 살았다

고려인 강제이주 명령서
그 정체 모를 활자를 해독하며
끈질긴 근성으로 살아내고
붉은 핏줄도 무수히 키워내서
서러운 이국땅을 굵게 넓게 다져냈다

아리랑 아리랑 아라리요
기관원 몰래 부르던 숱한 나날
살아남은 사람들이 더 아팠던 숱한 세월

뿌리를 움켜쥐고
갈대밭에 광대한 둥지를 튼
아리랑 아리랑 아라리요

연면한 강이 되었다

비 맞는 자전거

아이와 줄달음치던 자전거
제 몸을 기둥에 매 놓고 젖는다

아이는 비를 피해 집으로 가고
공터에는 함께 놀아줄 누구도 없다

젖은 몸을 털지 않고
맺히는 물방울을 가득 달고 서 있는 자전거

집으로 간 아이를 궁금해하다가
지나가는 바람에 물방울을 털기도 하면서,

아이는 잠들었을까
지금쯤 나를 생각하겠지 여기다가
추운 잠 속으로 빠져드는 자전거

은빛 바큇살을 뽐내며
속도를 자랑하던 몸짓을 거두고
〈

지치지 않던 시간을 끌어모아
가만히 구부러진 등허리로 품어보는 자전거

아이는 흐린 날에도 뜨는 별이고
아이는 한 시대 내내 커갈 것이고
자전거는 저 혼자 생이 낡아갈 것이다

흠뻑 젖은 시대를 입고
가만히 바퀴를 돌려보는 자전거

희대의 광고

교차로에 마주 선 트럭
 - 흙 삽니다 흙 팝니다
온몸에 피 칠갑이다 갈겨 쓴 광고판
붉은 글자가 이쪽으로 날아올 것 같다
절실한 외침일 것이다

살다 살다 처음이다
봉이 김 선달이 대동강 물을 팔아먹었다는
북청 물장수가 샘물을 동냈다는 말도
이제는 삼다수다 백산수다 헛소리가 아닐 것인데
흙을 사다니, 흙을 팔다니
나라 땅이 돈 덩어리인가 금덩어리인가

그러고 보니
땅 파면 돈 나오냐 빈정대던 속담도 무색해지는 터다

온 세상이 코로나란 역병에 시달리다 보니
직장 잃고, 집 잃고 나선 최후의 보루일라나
흙이라도 팔아서 연명해 보자는 심산일라나

〈
정작 흙을 뒤집는 건 농부가 아닌가
종내는 농심으로 돌아가자는 것인가

알 듯 모를 듯한 광고판에 생각이 잠겼다가
뒤에서 빵!
신호를 놓친다

젠장! 속물근성이라니

명불허전

벽을 부수고 나아가기보다
벽을 타고 넘는 거라
직면한 현실을 회피하지 않는
대담한 정신이 가미된 생은
늘 호쾌한 거라
잘 발효된 체험도 존재하고
잘 숙성된 정신도 존재하여
곧게 발아하고 성장해 얻은 열매,
그 씨앗이 매달아 놓은
목표 지향적 도달인 거라
무엇이든 다 포용하고
무엇이든 고루 버무릴 줄 아는
생이 낳은 능력이라고
호명되기도 하는 거라
수많은 별들이 사윌 때 오히려
홀로 빛을 발하고
완성이라는 정상은 애초부터 없었으므로
때로는 부드럽고 때로는 날카로운 삶이
인생이라는 맡은 배역을 거뜬히 소화해 낸 결실,

생이 다하는 순간
이름을 남긴다는 것도
그럴 만한 이유가 있는 거라
그럴 만한 운명인 거라

문명

아파트 창문 너머 하늘이 사라졌다
공간을 채우며 빌딩이 점령했다
콘크리트로 덮이고
구름은 더 높은 곳을 찾아 떠났다
언뜻 보이던 햇빛도 장막 속으로 사라졌다
저 높은 건물 속에서
사람들은 공중 부양을 하며 살아갈 것이다
틈새에 끼인
키 낮은 초등학교가 숨을 헐떡인다
아이들은 비좁은 공간에서 콩나물처럼 자라
이 나라의 일꾼으로 나아갈 것이므로
어른들은 서슴없이 광장을 메꿨다
메꿔진 하늘
새 한 마리 날지 못하고
매미 한 마리 찾아오지 않는 마천루에서
사람들은 스스로 지은 날개를 차려입고
가끔은 새처럼, 가끔은 매미처럼
엘리베이터에 붙어 소리 지를 것이다
인간의 세상은 사라지고

콘크리트 몸집들이 모여 사는 도시가 나타난 일
우연을 가장한 필연으로 치부되었을 뿐
오고 갈 길이 막힌 바람이
벽에 부딪치며 세찬 소리로 울어댄다
절규,
아우성,
벽 속으로 빨려 들어간다

순례자 나무 외 2편

박 현 솔

가끔 집으로 식료품 상자가 배달된다
상자 안에 다양한 식재료가 담겨있고
어떤 유전자가 새겨졌는지 나무 냄새가 난다

고추장, 김치, 옷가지가 담긴 상자들
계절을 오가며 누군가의 존재를 확인한다
펼쳐진 잎사귀에 주소가 적혀 있다

가지마다 잎이 무성해지고
꽃 피는 시기가 달라도 괜찮아
너의 정체성과 내 마음은 다르니까

콘크리트 빌딩들에 둘러싸여 있어도
나무들은 누군가를 응원하기 위해서
강을 건너고 바다를 건너 이곳에 온다

커다란 세상을 돌고 돌아서
오로지 자신을 비워내는 일로만
가득 채워질 수 있는 것은

〈
손에 쥐었다고 믿었거나
내 것이라고 생각했던 것들이
한순간에 흩어지는 걸 봤기 때문이야

순례의 길을 가는 나무를 만난다면
보이는 것이 전부가 아니라는 것을
넌지시 전해주면 좋을 텐데

딩동, 벨이 울리고 문을 열어보면
길을 다 쓸고 다녀서 너덜거리는 뿌리와
검고 누렇게 변해버린 잎사귀들과
새들을 모두 잃어버려서 허망한 눈빛의
나무 한 그루, 지친 기색을 하고 엎드려 있다

카펠라

바람이 긴 머리카락을 날려서 어딘가를 가리켰고
당신은 해풍이 어디에서 불어오는지 가늠하고 있었어요
벼랑은 가파르게 바다로 내달리고 있었고
기울어진 것들은 모두 바다를 껴안으려는 포즈였어요
누군가 두 손으로 들어서 갖다 놓은 듯한 백합꽃들
우리가 낯선 곳의 백합을 보고 탄성을 내지를 때
백합들은 둥글게 어깨를 맞대고 먼바다로 떠난
누군가를 위해 기도하고 있는 것 같았어요
폭풍 속에서 살아 돌아온 가족을 안고 우는 것 같았어요
얼굴을 맞대고 그들과 함께 기뻐하고 있는데
당신은 내게 작은 목소리로 속삭이고 있어요
가끔 벼랑은 멀어진 수평선을 당겼다 놓으며
감사의 기도에 어울리는 장단을 맞추고 있어요
파도는 눈부신 포말로 꽃들을 축원하고 있고요
사람의 정원을 마다하고 바닷가의 벼랑에 피어난
날 선 자유와 타협하지 않는 불의의 정신,
그날 바닷가를 서성이던 우리를 사로잡았어요
북쪽에서 부는 해풍이 어깨를 거세게 흔들었지만
순백의 영혼들은 그 순간마저 기뻐했다고나 할까요

땅에 뿌리를 내리고 있지만 지상의 존재가 아닌
별의 이름을 붙여주고 싶은 존재들을 만났어요
어둠이 몰려들수록 서로의 생을 환하게 밝히는 카펠라

빛의 세계 속으로

아직 어둠이 남아있는 새벽
먼 데서 빛은 스며들고 있고
일터로 나가기 위해 몰려드는 사람들
취기와 졸음이 가시지 않은 채
퀭한 눈빛으로 줄지어 서 있다
어둠을 뚫고 지하철이 들어오고 있다
시간에 쫓기는 사람들이 바삐 뛰어가고
늦게 도착한 사람들이 문안으로 뛰어든다
지나는 역마다 뱉은 만큼 또 빨아들이고
뒤따라온 바람의 꼬리들이 잘린다
서 있던 사람들이 좌우로 흔들린다
실내의 불빛이 조금씩 흐려지고
실눈을 뜨고 하루의 운을 점치는 사람들
창 너머 스치는 풍경으로 고개를 돌린다
생은 바람이 빠지는 풍선과 같고
뚫린 구멍을 손으로 막으며 살아가야 하지만
그것도 온전히 내 몫인 걸 알지 못한다
한강을 빛처럼 미끄러지는 시간
우주의 어떤 개입도 없이 강물 위 나뭇잎들

뒤척이며 바다로 흘러가듯이
문득 먼 데서 빛이
다가오고 있음을 느끼는 새벽

삼겹살 외 4편

성백원

다낭 뒤풀이 우리 집에서 합니다
워매, 뭔 지랄한다고 집으로 오라냐
여보슈, 핵교 가차운 데 암데서나 하지
우리 집으로 오라는 건 뭐당가
뭐라 씨부려 쌌노
성대 앞 삼겹살집으로 오라는 거 아이가 그랬다
국산은 아니라도 싼 맛에 뒷굽이 닳던 그 집
그 삼겹살집 이름이 우리 집이란다
고깃덩어리 일곱 쪽에 만원
소주 한 병에 삼천 원
셋이서 이만 원이면 밥 한 그릇까장
잘잘 흐르는 도야지 기름에
김치 볶아 한 끼를 때울 수 있는 그 집
불판에서 튀는 것은 기름뿐이 아니었지
저범을 들고 기다리는 술꾼들의 눈 속에서
활활 타오르는 붉은 살점들
기세 좋게 비우는 소주잔이 거듭될수록
길 건너 무제한 노래방 문짝은 바람에 흔들리고
기어이 낮술 몇 잔이 밤공기를 데워주던

지친 하루의 노동이 허벌나게 그리운 그 집
그 집으로
긴 장마에 지쳐 고단한 신발짝을 끄는
흐릿한 눈빛의 그대
그대의 식어가는 삶을 초대합니다

고독한 성

산맥 잇는 달리는 대륙의 말뚝
혈맥의 속을 바다로 가는
끝의 바람에 근대의 다산
평산성의 깊은 역사의 중간벽
하얗게 파란 기둥
아악의 무늬에 새긴다
백의 오방기 노을에 기상
가을 서리에 이르러서는
고독한 사색의 생명을 닿는다
밤하늘의 차가운
너와 내 넋의 바람 속
석수와 병사의 연리지
반석의 굳건한 한 층으로 내리자
역사의 기와를 곡선으로
햇살로 시월과 같이 골목길을 걸어가세

엄마의 서랍

엄마는
몸을 풀 때마다
서랍을 하나씩 짰다
같은 듯 다른 서랍의 키는
당사자에게만 주었다
서로 다른 비밀을 간직한
얼룩진 눈물의 빛깔이
무지개로 퍼진다
엄마의
고된 삶을 여미는
서랍 속의 희로애락
여섯 번째
서랍에 써진
보이지 않는 비밀 일기
엄마의 비밀이
기억의 벽을 넘어
자식의 서랍을 흔든다
먼 훗날 열릴
자식의 비밀이
아픈 손가락의 서랍 속을 채운다

노래방

목청껏 부르는 노래가
별이 되고 달이 되는 밤
오래된 한도
가슴 시린 사연도
새순처럼 피어나서
푸르게 마음을 적시고
식어가는 열정을 깨운다
흔들어 비우고 비워서
이젠 됐다고
휘적휘적 걷다 보면
또다시 홀로 가는 길
새롭게 떠오르는 내일로 가는 검은 하늘
먹어도 채워지지 않는 우주의 방황을
노래 한 곡조가 변신을 꿈꾼다

개암사 가는 길

봄의 요정과 손잡고
벚꽃 터널을 걷고 싶거들랑
상서로운 기운 가득한
우금산성 오르는 길목
감교로 가라
부안의 또 다른 명소가 된
벚꽃 터널 속으로 걸어가면
시름을 걷어내는 맑은 눈웃음과
꽃바람의 리듬으로 엮이는
수선화의 속삭임이 정겹다
죽염 공장 옆으로
태대각간의 사당이 있고
꽃길 끄트머리 개암사를 끼고 돌면
흑치상지 장군의 호령에
울금바위가 들썩거린다
오래된 전설의 고장
같은 듯 다른 세계를 오가며
4월의 영혼을 달래는 진혼의 빛깔
개암사 벚꽃 길을 걸으면
천년의 함성이 하얗게 쏟아진다

소문 외 2편

송 복 례

냇물에 발 담그니

피라미떼 몰려온다

이리 몰리고 저리 몰리며

작은 잎새 떨어지면

돌 밑에 얼른 숨는다

물길엔

찢긴 잠자리 날개

텅 빈 나비 집 떠내려온다

한참 들여다보면

내 눈 코 입 헝클어져

피라미떼 몰려와 들이킨다

작년 가을 어느 구석에 머물러 있었는지

덜 썩은 낙엽 한 무더기 떠내려온다

폐허에서

허기 깊은 골짜기
마른 물 터에 독풀만 큰다

팽한 눈빛 가물거리는 시야
어린 것이 보채도
생명 버리듯 밀쳐내는 어미 있다

허겁지겁 독풀 뜯어 먹고
삶을 토악질하는 굶주림

햇살 너무 환해 먹으려고
허공 한 줌 나꿔 채다 쓰러진 어미

젖무덤 헤치며 파고드는 아기
생명 있어 처절 폐허에서
허기 거두어 하늘로 떠나는 목숨 있다

이 땅 처음 열리던 그날처럼

새롭게 세워지리라
눈빛 똘방거리며 귀 쫑긋 세워
마음 열고 하늘을 보게 되리라
산이며 강이며 들을 보라
더욱 빛나고 더욱 푸르리라
결코, 다시는
썩은 마음으로 돈 꾸어다 흥청망청
이 땅에 악취를 풍기지 않으리라
비인 쌀독은 없어지리라

여기저기 푸른 마음 돌아 땅은 새롭게 옹진 알갱이를 내어주고
강은 맑게, 산은 더욱 푸르러서

들은 작은 햇살도 소홀히 대하지 않으리라
정화수로 새로워진 땅 한반도의 힘찬
숨결은 생명을 낳고 생명을 키우리라
우리는 새로 태어나리라

가시나무새 외 2편

송 소 영

목숨을 던지고
고통에 점차 죽어 가는 몸은
이제 가장 아름다운 노래가 되리라
온 세상은 침묵 속에서
귀를 기울이다 이 사랑을 긍정하리라

순간순간 가시에 찔리면서도
찢어지는 아픔을 감내하며
몸을 던질 가장 길고 날카로운 가시를 찾았으므로

그대는 이 새의 노랫소리를 다 들어보았는가
천둥소리, 귀청을 뚫는다

내려옴의 미학에 관하여

설산 아래 샹그릴라에 도착했다

잃어버린 지평선*이 보인다
기력이 다한 나는 그만 풀밭에 주저앉는다
시리도록 푸른 벽탑해*를 바라보며
오한에 덜덜 떨리는 몸을
귀까지 망토 속에 구겨 넣고 생각한다
이곳 어딘가에 베율(Beyul)*의 입구가 있을 텐데
이대로 여기서 잠들어 버리면
혹 그 안에 들어가 있을지도 모르지

계획된 날들이 지나도록 아무것도 찾지 못했다
머나먼 그곳은 날아서 불과 한 시간 거리인데

어디쯤이
힘들게 오른 삶의 정점이었는지도 모르는 내가
시간의 내리막에서 미끄러지다 이곳에 왔다 갈 줄을
파드마삼바바는 8세기에 알고 있었을까
유토피아는 이런 것인가

*잃어버린 지평선 : 제임스 힐턴(James Hilton)이 발표한 소설 제목
*베율(Beyul) : 티베트 불교의 창시자인 파드마삼바바에 의해 예언된 전설의 낙원
*벽탑해 : 중국 운남성 샹그릴라에 있는 고산호수.

에티오피아의 바람

커피 전문점 바리스타가 건네준
커피콩 한 줌이 우리 집에 와 세 개가 발아했다
그 중, 한 그루는
거실 오른쪽 구석에서 푸르른 잎을 무성히 달고
보란 듯이 서 있다
귀를 기울이면 목동 '칼디'가 듣던
에티오피아 고원의 바람 소리

6·25 참전했던 에티오피아 병사들
체리 커피 향내 진한 고향으로 달려가지 않았을까
7년의 가뭄으로 아내의 젖가슴에선 궁핍이 발화했지만
그래도 격정의 시큼한 바람은 불었었다

찻잔을 받쳐 든 발효된 내 기억 속으로
아직 설 볶아진 육십여 년을 핸드드립 한다
시간이 스쳐 가는 사악한 검은 향내 속으로
오늘도
메마른 에티오피아의 바람이 분다

*칼디 : 커피 열매의 효능을 이슬람교도들에게 알린 전설의 에티오피아 목동 소년

파초(芭焦) 외 4편

송 유 나

끝내는 손끝 지문 찍어봐야 알 수 있나
지금이 그때인 듯 양진이 새, 바람 소리
보초병 떨리는 두 눈
지금인 듯 응시한다

그 한때는 까칠해진 소리들이 내려앉아
야당도 여당도 아닌 물 위에 뜬 수련처럼
뜨거운 눈물 삼키며
헛발질에 날 저문다

손에 잡은 붓끝 떨림, 파초의 울음인가
눈물을 삼킨 노송, 장헌세자 지난 자리
기록화 수원능행도,
인재 등용 행렬 잇다

*파초 : 정조(1752~1800)의 유묵. 종이에 수묵. 52.5×84.6㎝. 동국대학교박물관 소장.

성곽 둘레길

가장자리 손끝으로 수천 번을 만졌을까
울 엄니 소싯적에 닳도록 읽던 서책
숨죽여 한 장 넘기자 와락 안긴 수양벚꽃

접었다 펼 적마다 가슴 졸인 숱한 나날
남몰래 흘린 눈물 치마폭에 얼룩지고
층층이 쌓아 올린 성, 발목 젖는 둘레길

리모델링

벽지는 가을이죠, 갈참나무 잎새 같은
화장실이 안 어울려요 맞지 않는 계절이라
벽면이 어울릴까요
하얀색은 멈추지요

입구에 들어서면 나 아닌 또 다른 나
식탁 위 유리 집은 안 맞아요, 낯설지요
우리는 모르는 사이
아무려면 어떻습니까

변화는 내 몸에서 천천히 걸어가죠
베란다를 터주세요, 10%는 바꿀게요
나무가 걸어 나오고
말을 걸죠, 싹 바꾸죠

방충망 수선집

능숙한 손놀림이 예사롭지 않은 남자
벌어진 사각 틈새 제집 인양 드나든다
촉지도 재단을 하며 초여름을 박고 있다

초록 바다 출렁이다 오동잎이 잠시 쉬는
정오를 알리는 참새, 입안 가득 끼니 물고
콕 콕콕, 노루발 들고 삭은 솔기 깁고 있다

물밑 언어

아무리 문 걸어도 밀려오는 먹장구름
내 안에 뜨락에는 불면 폭우 쏟아진다
불현듯 지나온 시간, 회오리친다, 환시 보듯

발 디딜 틈도 없이 흔들리고 출렁이는
이 밤의 하얀 바다, 조심스레 배 띄우고
만 갈래 시름 조각들, 모두 실어 힘껏 민다

수면 아래 깔려 있는 물풀들이 깨어난다
어느새 하늘가엔 어스름이 눈을 뜨고
어둠 속 샛별이 돋듯 푸른 촉수 세우고 싶다

허허로이 흘린 언어 물 밀듯 파고든다
바람이 불 때마다 끊길 듯한 풍금 소리
가끔씩 높은 음계로 깊고 깊게 깨우고파

굴업도*에서 배를 탄 도깨비바늘 외 4편

신 향 순

바다밖에 모르고 살던 그가 섬을 두고 떠나간다는 것은
거기 오래 해묵은 뒷모습을 떨구고 왔다는 것이다
그제와 별반 달라질 것 없는 바람의 귀퉁이를 쓸어내리며
수평선 위에서 떨어지는 노을의 기억도 더 이상 소환하지 않겠다는
뾰족한 결심을 세웠을 때
내 발을 붙잡고 늘어졌다

굳게 닫은 귀 배에 올랐다
왜 뭍에 오르고 싶은지 물었을 때
그는 멍하니 노을을 낚아 올리던
어느 낚시꾼의 우수에 젖은 눈빛이 그립다고 말했다

내 무릎 옆에 나란히 무릎을 구부리고
배의 구석진 자리에 앉는 할머니
허리가 기역자로 굽은 그녀
비틀거리는 물결 따라 흔들리고 있다
중심을 잡으려고 얼마나 출렁거렸을까
멀어지는 배의 꽁무니를 물새처럼 쫓아가
초점 잃은 눈으로 붙잡은 적 없을까

〈
우리는 아무도 모르게 넘어지려고 가끔씩 아는 이 없는 섬으로 가고
섬은 안간힘으로 일어서야 할 때 뭍에 오른다
거기 내 자화상이 펄럭이고 있다

*인천 옹진군 덕적면 굴업리 섬

공식의 난해함

누가 먼저였는지 알 수 없다
잡았던 손을 놓고
슬그머니 멀어지는 것
그 거리를 계산해본다

문제의 난해함은
공식이 저 홀로 떠돌다 사라진 때문

금세 떨어질 단풍 빛이었다가
흐릿한 안개였다가
잠깐 내리는 여우비였다가
스르르 녹아버리는 첫눈이었다

멀어지는 것들은 도무지 답이 없다

못 잊는 듯 잊어야 한다면
나는 그 문제를 풀지 않겠다

보름나물을 먹으려고 앉았을 때

굴뚝새 발자국이 찍힌 봄나물
물음표로 남아있는 고사리
밭두둑에 앉아있던 햇살

봄의 들녘과 가을바람
사계절이 양념에 버무려져
하얀 사기 접시에 담긴다

봄비는 접시 속으로 오고
나비는 접시에서 나온다

날아가는 불화살
구멍 숭숭 뚫린 깡통에 명중한다

부서져 떨어지는
까르르 아이들 웃음
쥐불놀이가 한창이다

쇠소깍* 나룻배 사공

쇠소깍 나룻배 사공은
민물과 바닷물이 만나는 짧은 풍경을 시로 읊는다
물속 밧줄을 당기며 느린 배를 지휘한다
구수한 입담에 휘감기는 뱃머리
물속 노을이 기어오른다

손을 뻗으면 닿을 한 뼘 길이를 그렇게 보내다 보면
사공은 온데간데없고
시인이기를 원하는 그 남자만 해변에 남는다

그리움이 수없이 지나갔을 구멍 숭숭 뚫린 돌멩이
철썩철썩 파도 소리를 입에 욱여넣었다가
내 귀에 도로 옮기며 말했다

노란 귤밭 주겠다던 아버지에게 낚여서
서울을 버리고 제주에 도로 왔노라고
모래사장에 쌓아 올린 돌무더기 꿈이 아직도 커가는 중이라고

나룻배 사공을 사진에 담았던 아낙은

해가 저물기 전 그의 집으로 들어가고
파도에 둥그는 짧은 기억이
이국의 낯선 웃음에 묻어나고 있다

*제주도 서귀포시 지명으로 바닷물과 민물이 만나는 계곡

바람이 분다는 것

바닷가 둑길 위로 갈 때
그에게서 바람이 나왔다
나는 돌아보았다
나에게서도 바람이 나왔는지
그도 뒤를 돌아보았다

나보다 큰 키만큼
저 밑바닥부터 차곡차곡 내려앉은
굳은살의 퇴적층이
훨씬 많을 듯했다

햇살도 냉기를 털어낸 계절에
깊은 계곡을 더듬어온
그에게서
황량한 바람이 불어왔다

바람이 내 살 속을 휘돌아 나올 때
나도 자주 휘청거리곤 했다
너와 나의 바람이 스치면서 만나는

지면의 어느 공간
서로 마음 붙이며 사느라
냉기도 함께 만나면 온기가 된다는 것을
모르는 그와 스치며 알았다
저 깊은 곳에서 꽃들이 물어 나른
땅속 냉기까지 희석해
빠른 걸음으로 제방 길을 빠져나왔다

봄밤 외 2편

윤 민 희

봄밤을 걸으면
나도 몰래 눈물이 난다

밤 그림자 길게 외로움을 끌 때
한 사람을 헤매느라 나는
많은 계절을 잊고 살았다

초승달이 조금씩 눈 뜨는 저녁
봄밤의 슬하에서는
서러움도 외로움도 모두
초록이 된다

밤의 눈동자에 초록이 물든다

카페에서

혼자 왔다
맞은편에 내가 앉는다

그윽하다
아련하다
짠하다

한참을
깊더니

성큼
나를 타종한다

나만 그런 줄 알았습니다

나뭇가지를 꺾고 가는
바람도 슬퍼서
달아나면서 소리를 냅니다

돌아보며 헤어지는
그림자도 슬퍼서
바로 그 자리에 쓰러집니다

아무리 울어도 나무는 자라고
아무리 슬퍼도
그림자를 지우며 밤은 또 지나갑니다

우산 없이 걷는데 빗물이
눈물을 닦아주며 따라오고 있어요
얼마나 더 걸어야 갈대가 춤을 출까요
그 마음이 그렇게 위로합니다

밤이 깊을수록 선명해지는 슬픔
그 가을에는
나만 그런 줄 알았습니다

남은 자가 할 일은 외 2편
– 화성 씨랜드 화재 상황실에서 1

이 강 석

그들에게 우리가 줄 수 있는 건
한두 줌 흙과 몇 방울 눈물뿐이었어
어둠 속 알 수 없는 공간이 조여들 때
생각할 수 있는 것은 엄마의 얼굴
그것은 짧고 아득한 공포
일상의 생활을 벗어나
작은 기쁨 안고 온 곳이
돌아갈 수 없는 어둠의 그늘 속
그것은 남은 엄마의 눈물
두꺼운 안경 속 아빠의 슬픔
철없는 동생의 표정 없는 얼굴
남은 자가 할 수 있는 국화 향으로
그 깊은 어둠을 밝힐 수 있을까
그들이 가는 길 앞에 뿌리는 우리의 눈물이
으스러진 발목과 얼굴과
바스러진 오체를 돌아오게 할까
검은 영정만큼
새까맣게 타버린 어린 육체를
누구의 눈물로 씻어내 뽀얗게 할까

손톱 빠진 고사리손은
누구의 흐느낌으로 펴지게 할까
얼어붙은 입술 녹여줄
엄마는 찾을 수 없네
남은 자가 할 수 있는 일은
할 수 있는 일은 없네 없네
어둠 속에서 아들딸을 안아 올려
엄마 품에 보내고
또 다른 암흑을 뒤져서
아빠에게 안겨주고
먼저 떠나 노모 실신시킨
불효자 되고 만 그는
그렇게 사랑하던 제자 모습 보이지 않는
저곳에 묻힌 그는
검은 리본 나풀거린 영결식 정든 교정을
어찌 저리 쉽게 나섰을까
남은 자의 할 일은
그렇게 이렇게 눈물 조금 흘려주고
돌아와 나 잘하고 너 못하고
열흘 밤낮을 지새운 엄마 아빠 빈 가슴은
눈물로 메울까 아픔으로 채울까
이 밤을 함께 새워 이 고통 나눠 볼까
내일 밤을 함께 밝혀 그 아픔 같이 할까

우리가 남아야 하는 이유
- 화성 씨랜드 화재 상황실에서 2

하얀 꽃잎을 빗물에 띄우고
옷자락에 배인 눈물 빗속에 섞으며
지금 이 자리에 서 있어야 하는 이유는
잔가지 상처 감싸려는 것도
나목의 껍질 부둥켜안고 울려는 것도
삼베 보자기 한자락 덮고
가을 낙엽처럼 강물 따라 흘러가는 것을
잡히지 않는 그림자인 것을
밟을 수 없는 흰 구름인 것을
차마 보낼 수 없는 너를
누구를 불러 돌아오게 할까
어느 방을 열어 안아내 올까
무어라 외쳐 다시 오게 할까
남아야 하는 이유도
떠나가는 사연도 남길 겨를 없이
한순간 폭풍의 끝자락을 보니
남은 것은 너와 나의 이별뿐
잠들어도 눈감지 못하고
울어도 눈물 없이 흐느끼는 것은

그래도 이 자리에 남아서
설움의 뒷모습 보라하고는
부서진 육신을 내려다보는
나비가 되려니 새가 되려니
깨어진 가슴속 빈자리를
텅 빈 마음으로 채워야 하니
남기고 갈 것이 그렇게도 없다면
그림처럼 잠든 너의 그 얼굴을
한 번만 우리에게 보여주렴
보여주고 떠나렴

네가 떠난 후에는
- 화성 씨랜드 화재 상황실에서 3

그렇게 가슴을 쓸어내며
네가 떠난 후에
연약해진 우리가 무엇을 해야 하니
눈을 떠도 보이고
감아도 눈에 밟히는 네 얼굴을
지우지 못한 채 그날을 기다리니
그날이 내게 찾아와 너를 만나려 할 때
어느 사진 가슴에 품어 가야 하겠니
사각모 초롱한 네 얼굴을 가져갈까
돌사진 비단옷을 들고서 갈까
배냇저고리 고름 장롱 뒤져 꺼내서 갈까
이 자리 이별 서러워하는데
너희들 세상은 어디쯤 있을까
가는 길 우리 흘린 눈물 가져다 뿌려주면
방울방울 찾아내어 너 만날 수 있을까
너 떠난 이 자리에 피운 향을
보름 밤낮을 피우고 또 태우면
밤길에도 너를 찾아갈 수 있을까
새하얀 국화 향을 따라서 가면
너 머문 저 하늘길 내게도 보일까

*시인은 실제로 1999년 화성C랜드 화재사고 당시, 상황실에 근무.
  현장에서 전해오는 수많은 소식과 정보와 이야기를 들으면서 사고 상황, 수습, 장례 등 일련의 절차를 상황보고서로 언론에 전함.

사랑, 어쩌지 못하는 외 2편

이 경 렬

정리(情理)도 아니면서 애증도 아니면서

이 마음 알 수 없다 이 혼란 알 수 없다
여전히 원망하고 여전히 미워했는데
이제 와 생각하니 원망도 아니고 미움도 아니로구나
미워하는 몸짓으로 싫어하는 몸짓으로
마주치면 외면하고 돌아서서 훔쳐보고
네가 준 아픔으로 사랑을 아파하고
네가 준 미움으로 사랑을 미워하고
어쩌란 말인가 어쩌란 말인가
아픔도 미움도 바람 불듯 사라지고
세월이 지나가듯 아득히 사라지고
정작 잊어야 할 사랑은 살아나서
절절한 노래이듯 다가와 정립하는 너
이 마음 알 수 없다 진정 어쩌란 말이냐

어쩌랴 고약한 사랑 내가 나를 모르는

사랑, 저만치

명징한 눈빛으로 말없이 웃음 짓고

한 번도 좋아한다는 내색도 가까이 가고 싶단 내색도 없었지만
왜 이리 어려운지 왜 이리 생각이 많은지
태연함을 가장한 나의 위선에 또 실망하고
그렇지, 사랑은 언제나 멀기만 하고
사랑하는 그대는 왜 저리 멀리 있는지

그렇다 사랑의 몸짓 나를 던져 만날 일

사랑, 처절히

내가 너를 더욱더 사랑할 수 있는 것은
되돌아본 사랑을 후회할 수 있기 때문이었는데,
지난 사랑을 후회할 수 있어서인데

샘에서 길어 올린 물 그런 사랑 아뜩히

가로수 외 4편

이 광 호

옆구리마다
살이 튼다.

안고, 이고, 업은 나무
길에 서 있다

길로 서 있다.

터져 나간 자리
꽉 다물고 버티는

뜨거운 한낮.

이 땅에 어미들
줄지어
서 있다.

劍舞

꽃 핀다
점점 빠르게

영혼이라면

출렁이며
응시하는 생의 초점

멎을 것 같은 숨의 갈기

풍선 불 듯
내미는
검의 심장

잊었던 맥박이
둥 둥 둥
뛰어다니는

칼끝마다

여무는 꽃송이

어둔 귀도
두근거려
하나가 되는 눈빛

그녀의
절규
타오르는 꽃.

냉장고가 운다

상하기 쉬운 시간들
냉장고에 넣는다.

조리가 어려운 기억들은
냉동시킨다.

채 못다 한 연약한 말들까지
칸칸이 채우고

삶 고플 때마다
살금살금 열던 냉장고

밖에 나오면 부패하는 소문

슬픔들에겐
방수 잘 되는 기저귀를
채웠다.

칭얼대는 시간을 넘어

제법 어깨가 벌어진 오후

냉장고가 고장 났다.

차곡차곡 밀어 넣은 설움
쉰 반찬처럼 쏟아져 나온다.

낮은 온도를 위하여
달려온 뜨거운 날들
소리 내어 우는 밤

여름은 길고
오지 않는 아빠와
가지 않은 아빠가
함께 사는 집

그 집 냉장고 소문은
아직이다.

nothing to nothing

無에서 시작한 일
無로 끝나는 건
본전 일게다.

이 무의미한 行
가슴만 울리고 떠난 일
무어라 해야 하나

블랙커피 한 잔이
흔들어 깨우는 아침
내 안 채우는 어둠과
교대를 한다.

검은 향기 가득한 숨 마디
좀들은
어둠이 만드는 것인지도 모른다는 생각,

밤은 왜
그렇게 환한지

전생인 것만 같은
아득한 길에서

눈뜨면 아침 이슬 되고 마는
희뿌연 간유리 밖 의미

멈춘 듯 움직이는 것들을 향해
부르는 이름
觀念과 충돌하는 사이

무겁게 눈뜨는 門

너라고 할 수 없는 그러나
너일 수밖에 없는
나의 반대편이 시리다.

그녀는 장마를 앓고

소리의 도착지가 귀라면
귀들의 환승을 거쳐
입으로 개찰 되는 소문
장마전선을 타고 이동한다.

'가졌으나 잊어버린 것과
잊었으나 사라지지 않는
슬픔의 다른 이름들' *

기상캐스터가
기압과 구름 이동 경로를 통하여
그녀의 강수량을 예보하고 있었다.

집중호우로 끊어진 다리와
침수된 농경지,
여기저기 패어진 도로를
덜컹이며
구름을 몰고 가는
그녀를.

*이해미의 시, 〈도형의 중심〉에서 인용.

녹동항에서 외 4편

이 상 정

이틀 밤 녹동항에서
녹이 슨 연장을 닦는다

땅거미 내린 소록대교엔
슬픈 사슴 두 마리

맑은 눈에
구름도 쉬어간다

억센 물결이 아침을 여는 수탄장
부모와 자녀가 눈으로만 만난다

탄식의 소리가 드높은 길을 걸으며
무카이 집에서
소록도 갱생원 만령당에서
고향을 등진 자들의 사연을 읽는다

바다가 내려다보이는 신성리
제비선창가에 노을이 진다

흑요석과 회전초

애리조나를 횡단하며
아파치의 눈물, 검은 유리
아파치 전사의 시신을
수습하는 여인의 눈물이
땅에 떨어져 만들었다는 전설을 듣는다
바람이 불면 스스로 뿌리를 끊어내고
바람에 굴러다니며 씨를 흩날리는
자기 몸을 바람결에 떨어뜨리는 회전초
서로 엉키고 부딪히며 매 순간 넘어지는 삶
다양한 공간 속에 희생된 이들의 목소리가
시와 노래로 들린다
물에 대한 산책이 시적인 풍경을 제공한다
아방가르드 음악은 사물의 재료를 노래한다
끌고 끌려가고 업고 업히는 몸의 보살핌
소나무 숲과 모래언덕에서 뒹굴며
쇠퇴와 죽음을 이야기한다
박테리아와 공생이 몽환적이다
흙 속의 생명
호흡하고 순환하는

환경호르몬 사이의 나

집단 무의식적인 힘 사이의 나

눈에 보이지 않는 지배적인 규범들

기계의 이분법적인 관념이

미래의 잠재성을 제안한다

변이하는 몸, 앞으로 다가올

모든 것을 환영한다

인공 지능의 어리석음이

나의 행동을 제한한다

다성의 목소리가 만들어내

피폐된 생태계에 우리는 살고 있다

관계, 그 계속적 용법 2

관계는 계속적 이루어져야 한다
살맛 나는 세상을 위해
너와 나의 관계함이 없다면
어찌 너를 알겠는가
어찌 나를 알겠는가
냉랭한 세상 한 치 앞을 모르는
서로가 알아 간다는 것 좋은 것
내가 너를 모르고
너도 나를 모르는
덤덤한 세상 무슨 재미
산다는 것 서로를 알아 가는 것
관계, 그 계속적 용법은 적용되어야 한다
부사적으로, 제한적으로 적용되어야 한다
너를 해석하기 위한 계속적 용법

굿모닝 미스터 오웰

냉전이 종식된 지금 세계와 손잡고
쌍방향 소통은 형식과 내용을
변화시켜 현재진행형으로 계속된다
깨달음의 부처, 시공간을 초월한다
피아노 협주곡 18번 B플랫 장조가 흐르는
가운데 기계화된 인간이 걸어간다
만남과 공존의 가치 속에
죽은 이들의 안식을 바라는
과달카날 섬에 흐르는 레퀴엠
서로 다름을 존중하는 즐거운 세계
적어도 기술을 증오할 만큼 고도의 기술을 원한다
적어도 번영을 경시할 만큼 충분한 번영을 원한다
적어도 평화에 진력이 날 만큼 충분한 평화를 원한다
세계는 여전히 전쟁 중이다
밤하늘의 별처럼 뒤덮은 인공위성들
억압하는 전체주의적 감시망
전 지구를 연결하는 우리들의 일상
세계는 여전히 전쟁 중이다

어마, 무시한 저주

똥물 같은 인간 말 종과 군림하려는 속물들은
성읍에서도, 들에서도 저주를 받을 것이오
또 네 광주리와 떡 반죽 그릇이 저주를 받으리라
네 몸의 소생과 네 토지의 소산과 소와 양의 새끼가,
네가 들어가도, 나가도 저주를 받으리라
네가 악을 행하여 네 손으로 하는 모든 일에
저주와 혼란과 책망을 내리사 망하며
속히 파멸하게 하실 것이며,
네 몸에 염병이 들게 하사
네가 차지한 땅에서 마침내 멸할 것이며
폐병과 열병과 염증과 학질과 한재와 풍재와
썩는 재앙으로 너를 진멸하실 것이라
비 대신에 티끌과 모래가 네 땅에 내려
마침내 너를 멸하리라,
네 시체가 공중의 새와 땅의 짐승들이 밥이 될 것이며,
종기와 치질과 괴혈병과 피부병으로 너를 미치게 할 것이며,
눈 머는 것과 정신병으로 고통을 받을 것이며,
맹인이 더듬는 것과 같이 네가 백주에도 더듬고,
네 길이 형통치 못하여 항상 압제와 노략을 당할 뿐이라,

네가 여자와 약혼을 하였으나 다른 사람이 그 여자와 같이 동침할 것이요,
　집을 건축하였으나 거기에 거주하지 못할 것이요,
　포도나무를 심었으나 네가 그 열매를 따지 못할 것이며,
　네 소를 네 목전에서 잡았으나 네가 먹지 못할 것이며,
　네 나귀를 네 목전에서 빼앗겨도 도로 찾지 못할 것이며,
　네 양을 원수에게 빼앗겨도 너를 도와줄 자가 없을 것이며,
　종일 생각하고 찾음으로 눈이 피곤하여지고 네 손에 힘이 없을 것이며,
　네 토지의 소산과 네 수고로 얻는 것을 네가 알지 못하는 다른 사람이 먹겠고,
　너는 항상 압제와 학대를 받을 것이라,
　무릎과 다리에 고치지 못할 심한 종기를 생기게 하여
　발바닥에서부터 정수리까지 이르게 하시리라,
　너는 비방거리가 될 것이라,
　네가 씨를 뿌릴지라도 메뚜기가 먹으므로 거둘 것이 적으리라,
　너는 하는 일마다 쫄딱 망하리라

　아니, 이런 악담을
　이런 어마 무시한 저주가 또 어디 있으랴

통증을 넘어 외 4편

이 승 남

49℃
고열에
통증을 넘어
끓는 지구

그가 무너지면 우린 어떻게 살아야 할까

난해할 것 같지만 단순한 숙제
어떻게 곱하고 나누고 더하고 빼야 되돌릴 수 있을까

베이고 뽑혀 숲의 심장이 어그러지고
곪아 터져 그의 기력이 쇠해져
울부짖는 소리 매몰차게 외면지고
바늘귀에 매달린 실오라기처럼
아스라이 끌려가는 마음 한 자락에서
처음부터 다시 꿰매어 살리고 싶은 지구
그럴 수 있다면 그럴 수만 있다면

그는 멈추지 않고 여러 경로로

장문의 메시지를 보내왔건만
우리는 귀를 막고 들으려 하지 않았네

너른 풀밭 잎새들
해가 뜨고 지는 지름 안에서
밟히고 뽑혀 던져져도 아무 일
없었던 것처럼
이는 바람에 포르르 일어서며
귀엣말로 속삭이듯
거기 서성이지 말고
내 작은 가슴에 기대어
살라 살라 하네

너의 곁에서

웃을 수 없다면
나의 감성은 메마른 나뭇가지

결핍을 넘어 사랑을 느낄 수 있는 건
너의 푸른 심장이 나를 감싸주기 때문이네

좋은 생각으로
사계의 심성을 닮을 수 있는 것은 온유한 축복이네

비 내리는 날
네게 깃들이고 싶어 서성일 때
파란 손 맞잡고 같이 비 맞던 날의 추억은
좋은 생각 좋은 꿈을 꿀 수 있게 하는 버팀목이네

성심으로 가득한 초록 풍경
어제처럼 눈이 시리도록 맑고 고와서
꽉 채워진 싱그러운 이 맛을 어찌 표현해야 할까

천천히 풍금 켜듯 사잇길 걸으면
유년의 소꿉친구 노래하며 달려오는 것만 같아
먼발치 바라보니 오색나비 떼 지어 날고 있네

어쩌다 보니

하루가 천년처럼 흐르고
천년이 하루처럼 흐르는
이렇게 이토록 빠른 속도의
시간이 지남에 멈칫하는 순간
옷섶 안으로 오색이 물들어져
빼앗긴 것처럼 지나는 이 시간
일 초 전이 고마워지는 순간이네

속절없이 떨어져 내리는 잎새들
그들에게 얼마나 고마워해야
그들의 마음이 섭섭하지 않을지
내내 마음에 던져보는 질문 일곱 개를
아직 하나도 답을 내지도 깨닫지도 못했는데

어디선가 다가와 스쳐 지나는
들릴 듯 말 듯 속삭이는 소리 있어
그 소리 따라 한 걸음 한 걸음 다다른 곳
가녀린 몸으로 하얗게 피어난 나도 샤프란
별처럼 피어나 웃어주는 네가 보석이라
눈길 당기는 마력에 덥석 곁에 앉아서
무르익어가는 가을 오후 세 시를 잡아놓고 싶구나

이제는

노랗게 물든 낙엽에
편지를 쓰고
누가 볼까 두근두근
고이고이 책갈피에 꽂아두고는
괜히 설레어 달빛에라도 들킬세라
한껏 움츠리며 보고 또 보고
문틈 사이로 다가와 준 달과 함께
밤을 지새우던 조그만 여자아이가 있었지

이제는,
흰머리에 얼굴 곳곳마다 세월의 강이 흐르고
언제부턴가 뱃살이 굵직하니 둘레가 두꺼워져
가지만
팍팍한 삶 메우고 상처 난 육신 기워가며
몇 광주리의 땀을 흘렸을지 알 수 없지만
대략 셈을 해보자면 수만 리 길
질퍽하니 적시고도 흘러넘쳤으리라

하루처럼 지나는 인생길

때론 성한 곳 없이 멍들어 짠하고 따갑고
어느 때는 내면의 혼돈과 맞서 다투기도
콩나물 5원어치 시대를 거쳐오면서
가슴 서고에 꽉 메운 일기가 다듬어 준 길
마음이 정한 앞길만 등대 삼아 길을 내며 걷고 달려온 길
주어진 그 길이 험했을지라도 무엇과도 비교할 수 없음이니
이제는,
성급히 뛰지 않아도 급히 삼키지 않아도 되지 싶다

노년, 느림의 미학

뭐 어때
살다 보면
그럴 수 있지

파란 하늘만큼
내 마음이
넓어져 가나 보다

조급함은
청춘에
불태웠고
걱정 근심은
세월 약으로
잠잠해져 가나 보다

얼굴에 새겨졌던 수심은
검푸른 바닷속으로 수장되고
옅은 생각들은 깊은 사색으로
바뀌어 가나 보다

〈

혼란스러운 마음은
한 밤 두 밤 자고
하루 이틀 지나다 보니
평정의 마음 밭이 일구어지나 보다

무수한 고난도
세월 앞에 장사 없듯
다 무색하리만치 비켜나고
이러면 어떻고
저러면 어떤가 하니
노년, 느림의 미학이 시작되나 보다

그 여자의 분홍 외 4편

이 정 순

어제는 종일 꽃비가 내렸어요

분홍, 참으로 멜랑꼴리 해서
보기만 해도 자꾸 허기가 돋는 말
바람결에 흐르는 분홍의 자장가
물결마다 스미고 번지다
철드는 꽃말이 되었지요

가끔은 닿을 수 없는 분홍에게
가만가만 귀 기울이면
그리움이라 말하는
배알 없는 눈물을 만나기도 하지만
열 손가락도 모자란 약속이
마디마디 꽃숨으로 잦아들면
주체할 수 없는 슬픔은
농익은 봄날에 숨어들고
분홍을 맹세했던 지문은
기억 속 당신을 맴돌다

기어이
분홍을 지우고 마는
눈이 시린 그 여자

파이의 오독

접시 위 한 알의 석양이 닳아간다

구석진 자리로 밀려난 캔버스

윗집 드릴 소리에 점점 실금이 가고

찬란한 아침을 열었던 벌판이 시들고

장마전선이 진을 친

당신, 향기로운 입맛을 잃었군요

이빨 빠진 둥근 슬픔이 속삭였다

흉내 낼 수 없는 달콤함이 완성될 즈음

오븐에서 구워지는 파이의 균열

세잔의 사과를 촘촘히 난독하고 있다

그늘의 힘

오후 세 시로 물러난 햇살

그린마트 담벼락에 기대어 숨을 돌린다. 아파트 꼭대기에서 내려다보이는 나무의 정수리

점점 초록으로 숱을 더하고 어슬렁거리던 길고양이 걸음이 빨라진다.

저 그늘 어디쯤 먹이를 둔 것일까

아니면 제 살붙이의 둥지를 만들었을까

나도 내 어미 그늘에서 살아온 지 수십 년

온갖 풍파 지나고 보니 속이 다 헤진 빈 껍데기, 그늘도 하얗게 빛을 바랬다

돌아보고 돌아봐도

여전히 몸피뿐

허물지 못하는 저 속내

우음도

때때로 나는 외딴섬이 됩니다

적막해서 더 깊어진 고요 속
삐비꽃만 하염없이 흔들리고
여름이란 첫 글자는
지칠 줄 모르던 욕망을
씨줄과 날줄의 인연을
햇살의 바랑에 담습니다

무수한 소걸음 만이
슬그머니 줄달음치는
그 너른 벌판에서
나는 차마 입을 뗄 수 없습니다

허울 같은 허물로
더 붉어진 바람이 일고
아직도
못다 한 그리움에
흥건해진 핏빛 노을

〈

산다는 건
때론 귓가에 잘랑이는
워낭소릴 듣는 일

여전히 나는 외딴섬에 있습니다

엄마와 봄비

손 없는 날 내려오면 좋겠구나

고추장 담글 날에 똥그라미를 쳐놓고

죽을 만큼 아팠던 엄마

목소리가 봄비처럼 희미하다

가끔은 연습 없는 이별을 떠올리다

낡은 젖무덤이 흐느끼는 꿈을 꾸면

밤새 머리가 하얗게 샌 목련 한 그루

훌쩍이는 콧물로 달랑 한 줄

썼다 지워진 편지처럼

붉게 구겨진 꽃잎, 발끝에 채이는

봄날이 휘적휘적 갈겨져 있다

시나리오 문법 외 2편

이 종 구

현실을 똑 닮은 드라마를 본다
또한 드라마 같은 현실을 보고 있다

저런 저런 쳐죽일 놈들이
발단의 과정부터 일말의 양심이라곤 없이
정의라고 거짓으로 위장하여 사람들을 속이고
끝내는 부와 권력을 차지하고
최고 권력의 허세를 부리며 행세를 하는 걸로 전개되는데,
선량한 몇 명의 주인공과 조연들을 죽이려
온갖 음해와 모략으로 내몰지 못해
안달을 하는 건 기본 줄거리

처음에는
선량한 사람들을 악마화시키며 성공하는 듯하지만
그러면 그렇지 꼬리가 길면 잡히는 법
거짓과 위선으로 떠벌려 놓은 사업들
이권을 챙기려는 속셈들이 들통나고
그 마누라와 일당들도
서로 갈등을 일으키며 자꾸 본색이 드러나고

아직 남은 권력으로 짓누르고 감추려는 추한 모습은
더더욱 클라이막스를 향해가는 결말이 궁금해지는데
모두가 포승줄에 묶여
끌려 나오는 장면이 나오는 것도 머지않았다

드라마는
권선징악으로 끝을 맺는 것이 당연한 거 아닌가,
아니면 드라마 아니든지 현실이 아니든지.

봉자다방

장안문 밖 지하 어디쯤에
당기세요라고 써있는 봉자다방으로 들어가는 문을 열면
지하세계로 내려가는 계단이 있다

동굴 같은 희미한 지하 안쪽
여우 꼬리를 엉덩이 뒷춤에 말아 넣고
산밑 외딴집 호롱불 하나로 밝힌 채
외로움을 홀리기 위해
웃음을 흘렸을 법하게 생긴 여인

연변 근처 저자에서
만주의 독립군 토벌하던 일본군 장교도 맞고
왜놈들 앞잡이도 맞고
웃음장사로 먹고살자며
몇 푼의 자금을 품은
이역으로 떠나온 나그네도 맞았을 것 같은,

밤새워 굶주린 말밥굽 소리,
푸른 치마로 둘러쳐진 계곡 아래쪽에서

만주벌 풀밭을 하냥 달렸을 것 같은데,

풀잎 끝에서는 마른 씨앗이 날려
우중충한 벌판에 흩어졌을 것이고,

정체전선으로 빗방울 추적대는 이런 날
구석진 자리에 무릎 세우고 앉아
한세월 간직했을
줄기세포가 같은, 만주의 저 여인네 가계의
지난 일들을 들어보고 싶다.

피어나는꽃이거나지는꽃이거나

처음엔누구라도방금피어나눈부시게반짝거리던봄이었고어여쁜꽃잎이었고설익은자두였고낙화의설움이었고착한한숨이었고가벼운죄의식의현기증이었고누군가에게집착하는그리움이었고……

다시여름이와도피가끓어아찔한낭떠러였고태양을끌어안은눈부심이었고위대한기다림의매미소리였고오래도록뜨거워잊혀지지않는소중함이었고……

가을이오면그제서야호젓한사색이었고레일위에기차였고휑하게빈논이었고아무도오지않는빈집이었고끝내옷깃을풀어헤치며가슴에붓는한잔술이었고……

하얀겨울이와도찬바람부는거리였고아직은햇살도노루꼬리였고36.5도의식지않는체온이었고그래도너무그리워펄쩍뛰는첫눈이었고그렇지만삭마른가지에매달린영혼이었고……

시간은끊임없이얼굴을가리운채흘러갔고나는한순간도잊혀지지않기위해뭔가에몰두했고그럼에도보다시피지금에머물러있고그런와중이라도활짝핀꽃이거나혹은하얗게웃는눈사람이기도했고방황이나 고통, 회한이나 설움도 자꾸만 피어나고 있고……

그러나 이제 우리, 가슴에 붓는 한 잔 술이 왜 별이 되고 꽃이 되는지, 반짝이는 별은 가난한 사람의 눈 속에서 왜 그토록 빛나는지, 구름은 또 그 많은 눈물을 왜 흘렸는지 알기에, 바람처럼 방황하면서도 굽이쳐 흘러가는 물이었고, 흔들리면서도 흔들리면서도 끝내 피어나는 꽃이었기에, 바람의 노래, 그 뜨거운 노래를 가슴으로 불러본다.

노년의 눈 외 4편

임 병 호

천년 숲에서
한 그루 나무로 살고 있는
미래의 모습이 보인다.

저세상에서 살고 계신 아버지, 어머니,
형님, 아우의 얼굴,
앞서 떠난 시인들이 보인다.

증손주들이
세상에서
제일 예쁘게 보인다.

연상의 아내가
처녀 시절
진달래꽃으로 보인다.

나무처럼, 강물처럼

어느 날 내가 죽으면
'임병호, 이 세상 떠났다'고
알리지 않았으면 좋겠다.

강물처럼
조용히 흐르게
내가 죽었다고 몰랐으면 좋겠다.

천년 숲에서
한 그루 나무처럼 살 수 있게
사람들에게
아무 말 하지 않았으면 좋겠다.

수원 처녀

젊은 시절 그리울 때
'수원 처녀' 노래를 들으면
수원 청년이 된다.

딸기꽃 피는 '푸른 지대'
물새 우는 '서호'
팔달산 높은 '서장대'

노래 따라 펼쳐지는
수원 팔경,
연인들의 이야기가 정겹다.

첫사랑 그리워 애태우던
그 착한 수원 처녀는
어디에 살고 있을까

달빛 푸른 서장대
호반 길 거닐던
수원 처녀를 만나고 싶다.

* '수원 처녀' : 이용일 작사, 백영호 작곡, 이미자 노래로 1972년 발표된 트로트 대중가요.

죽마고우에게 보내는 편지

나이 들어 이제는
색소폰을 불기 어렵다는
친구여, 지금 잘 내는가

소년 시절 내 생일 날
고향 마을 매향동 뒷동산에서
'아, 목동아'를 불어주고

고희연 날 양평에서 달려와
내 십팔 번 유행가 몇 곡
멋지게 연주해준 친구여

트로트 노래 작사하겠다,
친구는 작곡하여 옛날처럼
눈물 나게 색소폰을 불어라

'구구 팔팔 백세시대'라는데
우리 나이 팔십은 한창때다
이 세상 떠나기는 아직 이르다.

갔다 올게요

젊었을 적 출근할 때
집을 나서며
아내에게
"갔다 올게요"
인사했다.

지금도
외출할 때
옷 챙겨주는 아내에게
"갔다 올게요"
인사한다.

언젠가
이 세상 떠날 때
배웅하는 아내에게
"갔다 올게요"
인사하겠다.

고사리장마 외 2편

임 애 월

우수 무렵
연 이레째 눈비 내린다
오로지 고사리를 위한 장마다
한라산 기슭 새별오름 근처
차가운 비 맞으며
어둠 속에서 솜털 움틀거리고 있을
어린 고사리 민머리들
코로나 위리안치도 지난 이 새벽
내 뜨락에서 뜨겁게 솟구치는
상사화 푸른 실핏줄들의 아우성
그 모든 그리움은
이미 남쪽 바다를 건너고 있다

영~차

'영~차' 하고 소리를 내보면
신기하게도 없던 힘이 생긴다
기대어 비빌 시대의 언덕들이 사그라들고
이제 정말 포기하고 싶은 무기력이 어깨를 짓누를 때
영~차
주술 같은 이 한 마디에
절망은 밀려나고 이상한 용기가 솟는다
싸워서 상대를 꼭 이기라는 '파이팅' 아니고
약자끼리 서로 힘을 합쳐 밀어 올려 보자는
영~차
늘어진 어깨 다시 올라가고
굽어가던 등허리 활짝 펴지는
봄 햇살 같은 집단의 아이덴티티
자본이 곧 힘이라며 양극화를 부추기는
이리 떼의 소굴 같은 막막한 이 시대
정치 경제 사회 인문... 그 모든 불황의 늪에 빠져
공황장애 우울증으로 허우적거리는 모든 이들에게
영~차
마법 같은 이 한 마디
날마다
날마다 송신한다

무섬마을에서

붉은 노을 속 외나무다리는
고독하고도 신비로웠다
물소리, 새소리, 들꽃 향기까지
공감각적 이미지 풀어놓은
내성천 물살이 어지럼증을 부른다
다리를 건너는 동안은 한눈팔지 말라고
단순하게 걷되
시대의 균형감각도 놓치면 안 된다고
낭창낭창 휘어드는 수태극 곡선
직선만 고집한다면 삶은 얼마나 지루할까
아찔한 외나무다리 위에 서서
걸어온 길 잠시 돌아보면
어지러운 속도로 내달리는 야윈 시간의 강물
반걸음도 헛되이 걷지 마라
쌓아 올린 바벨탑 무너지리니
격자무늬 창문 밤새 흔드는
살빛 부드러운 무섬마을 상현달 아래
밤이슬에 눈시울 적시는 산부엉이만
불면의 가을밤을 다독이고 있다

별 외 2편

전 영 구

지면 빛이 살고
뜨면 빛도 쉰다지
그려야 하는 생김이 하 궁금해도
먼 시간 동안 그리 생겼다 하니
별 의심도 없다

밤사이 쯤 내려와
오염된 가슴을 품어 줄까 하니
빛을 쉼 없이 뿜어야 한다기에
이도 적절한 생각이 아닌 듯하여
상상만로 교감하려니 감흥도 없다

별 지고 눈 감아 버리면
검은빛만 가득 내려앉겠지

상상 마감

가을을 걸으면
어리석은 바람을 자주 만난다
섭섭하지 않게 인사를 건네도
보는 둥, 마는 둥 바삐 간다

간혹 가슴에 잡히는 바람이 있어
안면 트고 지냈을 들꽃의 안부를 물어도
거기서 보낸 시간은 잊은 듯 정색이다

여름이 늦도록 절절하게 우는 까닭도
힘겹게 고개 내민 푸르름들이
빨리 시드는 이유를 물어도 외면뿐이다

개점 전인 겨울은 느긋한데
가을만 팔랑귀처럼 기웃거리며
살랑바람에 꼬여 시간 잃고 체통 잃고
덤벙대는 상상과 부대끼고 있다

모르지

아는지
모르는지
침묵만이 주위를 배회하고
오직이라던 눈빛을 거둬들인 후에
멀어지는 뒷모습만 희미하고
맺히면 이별이 크게 보이고
끊으면 사라질 줄 알았던 눈물이
아픔까지 데려와
겨우 치켜뜬 눈꺼풀을 서둘러 닫게 하지
이런 마음 아는지
모르는지
잡아보려 하지도 못한
서러운 빛깔의 사랑인 것을
망설임 없이 돌아서면 어찌 알까
한 번도 돌아보지 않으니
절대 모르지

고양이는 그믐밤에 운다 외 4편

정 겸

하현달이 엷은 구름 속에서 제 살 깎아 먹고 있다

서쪽에서 불던 바람은 어느새 북풍으로 바뀌었다
계절의 경계에서 서성거리던 늙은 고양이
먹이를 찾아 음식물 쓰레기통을 두리번거린다
푹 팬 눈우물, 깡마른 볼 따귀 다리마저 절룩거린다

열려 있는 틈을 비집고
겨우 건져 올린 한 조각 고깃덩어리
지난밤 꿈속에서 키웠던 붉은 장미꽃과 맞바꾸었다

새벽이 서서히 다가오고 희미했던 달도 사라졌다
화려한 정원수로 가득한 호수공원의 나무들
살랑거리는 꽃 속에서 웃음소리가 쏟아져 나왔다
하얗게 핀 산딸나무 곁으로 절룩거리며 다가간다

주름이 깊이 팬 눈언저리에 붙어 있던
푸른 포자들이 빠르게 증발하고 있다
더 이상 다 가지지 못하고 주저앉은 고양이

상처 입은 발목 핥으며 지그시 눈을 감는다

지나온 푸른 시간들이 풍화작용을 일으키며
분해속도를 재촉하고 있다.

음표와 음표 사이에서 서성거리다

도레미파솔라시도
도미솔도 도솔미도
음악 시간이 시작되면
선생님은 피아노를 치며
발성 연습을 시켰다
그리고는 가곡 동무 생각을 부르게 했다

푸른 바다를 보며
초록의 산을 보며
파란 하늘을 보며
해와 달과 별을 보며
먹장구름을 보며
눈과 비를 맞으며
바람 소리와 파도 소리를 들으며
칠판에 그려진 쉼표도 없는
음계 속에서 헤매기도 했다

높고 낮은 음표와 음표 사이에서
도돌이표 부호에 따라

때로는 낡은 보드를 타고
음계 위에서 서핑을 했다

지금은 솔도 아닌 높은 도도 아닌
미와 파 사이 검은 건반 위에 걸쳐 있는 나.

별과 마주하는 시간

막차 끊어지고
마지막 슈퍼의 불도 꺼졌다
깃털 빠진 새 한 마리
미루나무 가지에 앉아 꼬박꼬박 졸고 있다
바스락, 나뭇잎 떨어지는 소리에
화들짝 놀라 깨어났다

셀 수 없는 시간을 쉬지 않고 달려왔다
실개천도 건너고 모래언덕과 바위산을 넘었다
눅눅했던 시간을 밤바람에 말리고
푸른 기억을 머릿속에서 탈색시킨다

무심코 바라본 북쪽 하늘
카시오페이아 성운의 다섯 개 눈동자가
반짝거린다 별들은 사라진 전설을 불러 모으고
빛을 가지고 있는 모든 유령들은
하늘 정원에서 불꽃 잔치를 열고 있다

찰라, 붉은 섬광이

성호를 그리며 소나기처럼 쏟아진다
수천 광년의 세월을 달려 나에게 온
저 수많은 별빛들

이제 가야 할 곳을 찾았다.

부부

청색 명주실과 붉은색 명주실을 엮어서 만든
길고 긴 밧줄
계곡과 계곡 사이를 팽팽하게 이어주고 있다
그 위를 주춤주춤 걸어가는 연인

당신은
군청색이라 하고
나는 남색이라 했죠

당신은
보라색이라 하고
나는 자주색이라 했죠

당신은
배롱나무라 하고
나는 목 백일홍이라 했죠

당신은 자두나무라고 하고
나는 오얏나무라 했죠··

〈
끝이 보이지 않는 외줄 위를
비바람 몰아치고 천둥번개 내려쳐도
아슬아슬 비틀비틀거리며
손을 놓칠 듯 말듯
앞서거니 뒤서거니 걷는 두 연인.

그리운 이름들

토끼와 거북이
해님과 달님
개미와 베짱이
금도끼와 은도끼
콩쥐와 팥쥐
시골 쥐와 서울 쥐
흥부와 놀부
선녀와 나무꾼
심청과 뺑덕어멈

어지러울 때
머리가 아플 때
가만히 들여다보세요
그리고 나지막이 읽어 보세요
어린 시절 보았던
푸른 숲길 보이고
마음이 편안해 질 겁니다.

은하수 외 2편

정 의 숙

더딘 걸음 마주하며
지나온 시간
하염없는 그리움으로
먼 그림자
별이 되어 떠오른다.

하루해가 뉘엿뉘엿
어둠이 내리고
새벽이 눈을 뜰 때
반짝이는 별 무리
창가에 어른거린다.

어느 별에 계실까,
그리운 마음 별빛에 어려
쏟아지는 밤
마음속 한 켠
은하수 눈물 되어 흐른다.

설경

가슴 시린 은빛 속삭임
세월 저편 아껴두었던 그리움
반짝이는 은하수로 내려앉아
골짜기마다 별빛처럼 쏟아진다.

긴 세월 따라 아버지, 어머니
머리 위에 소복이 내려앉은 침묵
실타래로 덮여 채워지지 않는
가녀린 미소가 녹아내린다.

살며시 연 방문 틈으로
옥양목 천을 깔아 놓은 듯
뽀얀 속살 드러내는 흰 꽃송이
바람 타고 폴폴 날아들어
뜨거운 물방울 되어 볼에 입맞춤한다.

잊혀가는 하얀 꿈 곱게 접은
어린 시절 가슴앓이처럼 스며드는
동화 속 설원,
새하얀 발자국으로 남아
추억하며 다시 서린다.

세모

아침 햇살
구름 속으로 스며들고
또다시 해오름에
하루해가 저물어 간다.

유유히 흐르는 강물 따라
흘려보낸 세월,
가지 끝에 대롱대롱
시간에 걸려
넘어가는 달력 앞에
한 자락 아쉬움을 들춰낸다.

멀리서 들리는
제야의 종소리
새 희망으로 울려 퍼진다.

수국이 지던 날 외 2편

조 병 하

울안에 수국 향기 피어나는데
꽃물 빠진 바람기 뛰어들며
사내 가슴에 풍란이 드나들고
찬바람 견디지 못한 수국
침묵으로 그리움을 삭여갔다

마디마다 맺은 어린 열매
목마름 허기로 키워가며 잎맥 시들어갈 때
꽃 시절 진 빼먹고 떠난 풍란
덧없는 세월 성성하던 줄기 말려가고
명품 가방 날개옷도 가슴 뛰지 않던 날
먼 여행길 떠나던 그녀
멈춘 미소에 그리움 품고 간다는 걸

늘 곁에 있을 줄만 알았던
그 한 송이
이렇게 진다는 걸 왜 몰랐을까
보았다, 눈시울 젖는 사내의 눈물을

에움 길

에워싼 산비탈
감고 돌아 길을 내고
에둘러간 흔적마다 딛고 가는 발걸음들
산허리 뒤돌아 온들 숲속은 한 몸이라

등뼈 같은 길이라고
마음에 새기지만
저만치서 굽어보며 내려 본들 한 길인 걸
녹아든 실개울 소리 품속으로 찾아들고

접어든 샛길에서
실눈 뜨는 곁가지들
만나고 또 만남은 여전히 원점인데
더듬어 뒤돌아보는 아득했던 삶의 길

탱자꽃 피면

솔바람 비켜 가며 가지에 걸려든 달
넘지 못한 가시 담장 밤마다 애태우며
말없이 숨어서 보던 아쉬운 그 눈빛

속내를 들킬세라 달빛에 미소 띄워
오가는 길목마다 목 늘이고 내민 꽃술
찔려도 덜 여문 가시 멀미 앓던 열다섯

철없이 들뜬 가슴 볼 우물 부풀던 날들
맥박 뛰던 시월에 뜨겁던 마음 한 자락
탱자 빛 익어갈 때쯤 곱던 모습 실어본다

득중정(得中亭)* 향나무 외 2편

조 영 실

화성행궁 득중정 앞마당에
향나무가 서 있네

껍질 벗겨지고, 골이 지고 곳곳이 파인
하얗게 변한 몸통 위로 학처럼
푸르게 잎을 피운 두 가지, 하늘을 향해 날갯짓하고
또 한 가지, 맨살로 길게 목을 빼고 구름을 쪼고 있네

얼마나 퍼덕거렸을까
수백 년 동안 활 쏘는 정자, 득중정을 지키느라
도끼가 몸을 찍어도 도끼날에 자신의 향을 묻혀준다는
꼿꼿한 날갯짓을

가난한 선비인 듯 안내판도 없이 홀로 서서
하얀 시간을 꼼꼼히 새겨 넣는 나무
하늘에 닿은 향기가 사람과 하늘을 이어주는 걸까
득중정에 스민 마음이 푸르게 돋아나네

향나무 잎이 늘 푸른 것은

마음에 그리고 이루어지길 빌기 때문일까
태양이 저녁이 오는 쪽으로 걸어가고
비원을 품은 날갯짓이 마당을 가득 채우네

*득중정(得中亭) : 화성행궁에 있는 활 쏘는 정자

소광리 금강송

한 번도 동구 밖을 나선 적이 없는
남자들이 살고 있다
백두대간 아래 소광리에는,
어쩌다 마을 밖을 나간 이들은
원래 모습과 닮은 곳 하나 없이 변해버려
돌아오지 못하고 이름을 바꾸었다는
소문만으로 돌아온다
시간의 발자국을 촘촘하게 새기며
그들은 오로지 하늘만 바라본다
순전한 일념으로, 수직으로 솟아오르며
백오십 살이 넘어야
깊은 향을 품으며 단단해지는 그들은
나이가 많을수록 하늘과 가까워지고 몸도 미끈해진다
넓적한 가슴 사이로 유혹을 잠재우고
꼿꼿한 자세로 독송하며 하늘을 우러른다
육지로 놀러 온 용왕도 깜짝 놀랄
대궐의 대들보와 국보급의 기둥을 그리면서
한 줄기 바람이 산등성이를 넘어오자
켜켜이 시간을 감고 있는 남자들이
형형한 눈빛으로 귀를 기울인다

뿌리

가도 가도 끝없이 펼쳐지는 옥수수밭
통화에서 송강하 가는 서간도 길
자신의 이력을 말하는
백두산 가이드 주 씨
눈 한번 껌뻑일 때마다
하나의
세상이 열렸다 닫힌다
화교라는 그는
북한에서 태어나 대학까지 다녔단다
군인이 자신의 길이라고 생각하고
군에 입대하겠다고 했더니
-너는 화교잖아, 안 돼
화교이니 중국에서는 받아주겠지
중국으로 가 군에 입대하겠다고 했더니
-너는 북한에서 태어나고 자랐잖아
이번에도 안 된다고 했단다
희미해진 꿈이 이따금 나타나
-너는 누구지
묻는단다
그의 눈이 물빛으로 물든다

개똥 쑥 외 4편

한 희 숙

어느 날 갑자기 우리들이
항암효과 성인병예방 당뇨병 등
만병에 효험이 있다며
끓는 물에 삶기도 하고
설탕에 버무려 항아리 속에 눌러 담기도 하면서
눈에 보이기만 하면 뿌리째 뽑혀 나갔습니다

이러다간 멸종이 될 것 같아 불안했지만
우리는 암말도 안했습니다.

그러더니 어느 날인가부터는
인증이 안 된 낭설이라 효험이 없다며
우리를 못 본 척 했습니다.
그나마 다행이라 생각하면서도
우리는 암말도 안 했습니다.

좋다고 했던 것도, 아니라고 했던 것도
모두 저들 마음의 흔들림이었던 것을
우리들이 어쩌겠습니까.

그래도 우리는 암말도 안 했습니다.

애시당초 개똥 쑥 이라 이름 지어져
불릴 때에도 마음에 안 들었지만
그때도 우리는 암말도 안 했으니까요.

동백꽃

아뿔싸
잘못 떨어진 듯
툭 하고
피기도 전에 지는 꽃
그게 바로 너!

애달픈 요절을 생각게 하고
맺은 인연에 매달려 흔들리며
이루지 못할 사랑 애태우다

차라리
바람 날리는 풀밭에 누워
하늘을 보겠노라
달게 한잠 자겠노라
마음을 비운다.

되돌아갈 수 있다면

더도 덜도 아닌
비 오는 날
우산 들고 마중 나가는

학교에서 돌아오는 아이가
엄마하고 부르며
달려와 내 품에 파고들 수 있는

출근하지 않고
집에서 간식 만들며 기다리는
엄마의 그 자리로.

봄

몰랐겠지만

겨우내 붉게 물든 가슴을

꼭 쥐고 주저앉아 있었는데

깨어나라는 다독임이

포근한 바람을 타고와 꽃잎을 건드린다.

쪽빛 바다로 목을 뺀 기다림을

게으른 봄날이 물빛처럼 파고들고

시리도록 푸른빛을 층층이 쪼개어

고운 빛깔을 수없이 만들고

연기처럼 사라지는 봄볕 사이로

조용한 그리움이 밀려온다.

징검다리

급물살에 납작 엎드려
징검다리 되련다.

네발로 버티고
등허리 내어주리.

뛰어가도 좋고
걸터앉아도 좋다.

입은 옷 모두 벗어버리고
맨발로 건너시라.

물살에 어깨 닳아 뼈만 남아도
일어서지 않으리.

세차게 밟고 가다 등을 돌려도
꿈적하지 않으리.

사랑은 징검다리
그대여 건너시라.

겨울 산 외 4편

허 정 예

변화무쌍한 계절에도
처연한 웃음으로
산을 지키는 마른 뼈들

화려했던 그 날도
뜨거웠던 여름날도
낙엽 지는 순간까지

흩어진 언어 조각처럼
한 올의 가림 없이
얕은 숨 가만히 숨 쉰다.

가장 진실한 가슴으로
해탈의 경지에 발 딛는
무념의 순리

다시 피어오를 붉은 사랑
하늘에 맡긴 채
아름다운 눈꽃 서려 있는
가장 평온한 겨울나무

봄 마중

겨울 끝자락의 밤은 짧다.

동트는 새벽 언저리에
창문 빗장을 흔드는 저 두드림
절기를 찾아 꽃비의 걸음이다.

천생만물이 앞다퉈 기지개 켜며
하늘과 땅이 약속이나 한 듯
立春을 지나온 비바람이
세상을 봄으로 물들인다.

어서 일어나라고
어서 눈떠 보라고
촉촉이 스며드는 봄 언저리에
초록 비 꽃물 흐른다.

봄을 재촉하는 雨水의 눈동자
어젯밤 꿈속에 노란 생강꽃이
봄 길을 걸어오고 있다.

텃밭

붉은 태양이 절규하듯 텃밭을 덮으면
지열에 축 늘어진 마른 잎들
가냘픈 푸른 채소 타는 가슴 울린다.

물 조리개 담뿍 담아 쏴 아 쏴 물 먹이면
늘어진 팔다리 가쁜 숨 게워내며
움 돋는 상추 쑥갓 아욱 가지 고추
벌컥벌컥 잘도 받아먹는다.

샘물 퍼 올리면 물이 고이듯
그 자리에 새순이 돋아
파릇파릇 쑥쑥 자라
식구 먹거리로 살찌운다.

식물은 주인 발자국 보고 자란다는데
게으른 발걸음 부지런 떨어
이웃의 정 기쁨도 함께
나눌 수 있는 텃밭 채소

진달래 필 때

아직 산은 옷 벗은 채
봄빛 쏘아대는 산 중턱
향수 젖은 순정을 담아
고향을 부르는 너

능선을 타고 솔 향기 불어오면
마른 갈잎 사이로
갓 몸푼 산모가
한 아름 한 아름
분홍치마 풀어놓는다.

언제나 깊은 곳에
스며드는 망향의 그리움
모든 걸 다 내주던
어머니가 잠드신 뒷 동산
봄이면 서둘러 산에 오른다.
그리움 만나러

비망록

언제부턴가
가슴엔 초록 글들이 웅크리고 있었다.
팔랑대는 풀잎에 가슴 아리고
어지러운 마음 다독여
찔레꽃 핀 숲길 걷다 보면
꿈틀거리던 언어, 산수화 그리다.
가랑비 젖은 강가 서성이며
야위어가는 그리움 강물에 띄워 보내고
땅거미 질 때면 젖은 별들이
하나둘 은하수 강 되어
시 언저리에 흐른다.
무언가 잃어버리고 산 것 같은 막다른 골목
어느 날, 낱장 광고는
목울대 차올라 詩를 앓던 열꽃
분수처럼 뿜어 나오는 찰나
고여 있던 말들이 쏟아지는 언어의 울음
삶의 바다에서 건져 올린
마른 글들이 꿈틀거리며 출렁인다.

만년필 외 4편

홍 서 의

한동안 메말라 있던 만년필을 꺼내어
잉크를 찾는다
오래전 쓰다 만 마지막 문장은
아직도 몇 그램의 분량으로라도 남아있을까
모든 고백들이 다 부쳐질 수 없다
끝내 추신을 찾아내지 못한 이별의 문장들과
몇 모금의 불면,
지금 그것들이 빈사의 시간을 보내고 있을
낡은 만년필에 새 잉크를 넣으려는 것이다
잉크를 빨아들이자마자 파랗게 깨어나다가
한순간 놓쳐버린 한 방울의 숲,
손등이 푸른 화인을 입고
지쳐 지낸 혈관 몇 개가 자리를 고쳐 앉는다
아뿔싸, 오래전 결별의 눈물이었을까
숲 저쪽의 비와 멀어지는 휘파람 소리를 들으며
나는 손등에 써진 문장들을 지운다

동백

동지 지난 어느 날 나는 단순하지만
결연한 표구 속에 갇힌 동백을 본다
99마리 소가 끌어내어도
붉은 체념만 내보일 그 절체절명(絕體絕命)의 끝에서
불가의 계승 하나와 만났다
절은 보이지 않는다 보이지 않는 절은
깎아지른 파도들을 숨기고 있다는 유일한 증거,
그 속에서 나는 관세음보살 하나로
꽃이 되려다 실패한 눈그렁 너머 암자 속의 동자승,
가끔씩 나는 생각 한다
의상의 화엄경이 더 붉은 지팡이를 던지는지
원효의 법화경이 아무런 미동도 않는 연못에
돈오의 파문을 잘 내는지,

세상의 모든 구중심처의 오후, 그 겨울 한때를 골라
동백이 표구 속에 들어가 삼한사온을 보내는 건
바람의 풍경을 건너온 잎새들과 꽃들의 사생활을 살피는 일,
나는 한동안 서서 붉음의 동백을 음미한다

선인장

1
때로 제 안의 가시 몇 개를
아프게 포기하면서
붉은 꽃 몇 송이를 선택할 때도 있다

2
겨울을 넘어오면서
사막을 놓친 선인장 한 그루
베란다 한켠
가공된 열대의 시간이 제 힘을 잃고
곧고 빛나던 가시 몇 개가
빈혈을 앓기 시작한다
몇 해 사막을 끌어안고 있던
비좁은 공간이 위기를 맞은 것이다
잘 읽히지 않는 날들과
지인과의 평온을 유지하던
바깥과의 소통을 폐기하고서,
나는 한동안 독서를 멈추고
빈사의 날짜 속으로 든다
겨울을 넘어온 선인장들은 불의 기억을 갖고 있다

낯선 방문

며칠 수면제로 쓰기 좋은 햇살을 건너다가
봄의 통증 하나와 마주친다
바람의 낮은 지대에서 홀로
제 몸을 떨고 있는 제비꽃
순간 봄을 찾아내지 못한 몇 개의 말들이
입 안을 떠돌고
오래전 닫고 지낸 현기증이 보랏빛으로 몰려온다
제비꽃과 마주친다는 건
내 낡아버린 육체 속에서 초경의 계절을 찾아내는 일
학창시절의 어느 한 페이지에 꽂아둔 채
잊고 살아온 보랏빛 문장들과 맞닥뜨리는 일,
중년 한켠에서
지난 새벽의 꿈을 떠올리다가 제비꽃과 마주친다
제비꽃이 필 때마다 4월의 간격을 좁히며
뚜벅뚜벅 나에게 다가오던 첫사랑처럼,

나른한 想念

이제부터는 제비꽃 때문에 함구했던,

가끔은 커피를 먹을 때
상념들이 겹겹이 쌓인 빵처럼 폭삭 내려앉는 날
한 입 깨물면 크로아상 같다
봄날 가끔은 커피 한 잔과 부푼 크로아상을 먹는다
한 입 베어 물면
속이 텅 빈 작은 공간과 만난다
이때 상념이란
건조하거나 싱거워도 그, 시간 속에서
영원할 수 없는 바람 같은 것,
언제나 단절할 수 있음을 알기에
조금 더 깊이 다가가기 위해 골똘히 몰입하다가도
끝이 보이는 날,
식어버린 커피와 더 이상 뜯을 수 없는 빵과
구름을 단념한 커피의 모퉁이에서
채 덥혀지지 못한 체온은 어두운 내부를 서성일 것이고
창밖 구름을 머뭇거리게 하는 오후 4시,
나는 지난밤에도 몇 그램의 불면을 잠시 떠올리며
공복과 구름의 부피를 비교하듯
탁자 한켠 조금 남은 빵과 커피를 방치한다

REVIEW

리뷰(REVIEW) & 서평

■ 김우영 시집 『장안문 달빛에 막혀 집에 가지 못했다』
  해자화두(解字話頭) 속의 절제미, 깨달음의 세계 – 김광기(시인)

■□ **김우영 시집**『장안문 달빛에 막혀 집에 가지 못했다』**작품론**

해자화두(解字話頭) 속의 절제미, 깨달음의 세계

김광기(시인)

김우영 시인은 무엇이든 일찍 시작한 사람이다. 문단에도 일찍 나왔고 결혼도 다른 사람들보다 일찍 한 경우에 속한다. 고등학교에 다닐 때부터 〈야생초〉라는 시 동인 활동을 하다가 〈시림〉이라는 전국 동인을 조직하여 주재하며 본격적인 문단 활동을 하기 시작하였다. 그러다가 고교 재학 중 첫 시집『당신이 외치는 문』을 발간하고『월간문학』신인상에 입선한 후 1978년 신인상에 당선되어 약관의 나이에 문단에 나오게 되었다. 이렇게 문단에 나오는 일이 한국 문단에서도 극히 드문 일일 정도로 대단한 일이었지만 당시만 해도 문예지가 몇 개 되지 않는 상황이라서 신인상을 받으며 문단에 나오는 것조차 주요 일간지에 날 정도였다. 그리고 얼마 뒤에는『시조문학』에 시조 추천을 받기도 했다. 이렇게 화려하게 문단 활동을 시작한 것이 계기가 되어 자연스럽게 신문사에 들어가게 되었고 그렇게 평생을 언론사에서 몸담으며 생활하게 되었다.

신문사에서 기자로 근무하며 시를 쓰고 시집을 출간하는 등 적극적인 문단 활동을 하는 것은 물론 지역사회에서도『수원시사』를 집필하는 등의 많은 활동을 하며 애향심을 키우고 있었다. 특히 그중에서도 자주 만나던 수원 예술인들의 의견을 모아 〈화성연구회〉를 조직하고 사단법인으로까지 발족하여 20여 년이 넘게 애정을 쏟은 것이 대표적인 일이었다. 하지만 이것은 그가 사람을 좋아하고 술을 좋아한 결과인지도 모른다. 날마다 수원 남문이나 북문 어디쯤 수원 예술인들이 많이 모이는 장소에서 막걸리를 나누며 수원 얘기를 하다가 이뤄낸 결과물 같은 것이기 때문이다.

대부분의 자리에 나도 끼어 있는 경우가 많았다. 그럴 때마다 그는 좌중의 이목을 받으며 분위기를 늘 주도하고 있었다. 그가 많이 쓰는 말 몇 가지가 있는데 대표적인 것이 좌중의 의견을 모으는 "그런데 말이야." "그럼, 이렇게 하자."는 말투였다. 사람들은 그의 말을 따르는 경우가 많았고 그렇게 좌중의 의견은 많은 결과물들을 만들어냈다. 그것이 사소한 개인적인 일이든 지역사회를 위하는 큰일이든 그는 항상 진지하게 모두를 위해 일을 결정하고 수행하며 앞장서는 데 조금도 꺼려하지 않았다. 그리고 그것이 자신을 위해 결정되는 것을 절대 용납하지 않는 고집이 있었다. 그렇다 보니 대부분의 결정은 다른 사람들이나 지역사회를 위한 것이었고 그래서 그런지 그의 주변에는 사람이 끊이지 않았다. 또 그래서 날마다 술을 마시게 되는 계기가 되는 것 같기도 했다.

그러면서도 그의 손에는 책이 떠나지를 않았다. 고전 철학서 한 권쯤은 늘 지니고 다니면서 탐독하고 가끔은 주위 사람들에게 자신이 읽고 있는 책의 내용과 느낌에 대해서 말하고 있었다. 그 와중에 그의 문학도 풀어져 나왔고 그의 시도 늘 그렇게 완성되고 있는 듯했다. 한 마디로 그는 시를 쓰는 사람이 아니라 시처럼 사는 사람이었다. 그래서 그런지 그의 시에는 형식이 없고 시를 쓰는 것에 어떤 맺힘도 없는 듯하였다. 물 흐르듯이 자연스럽게 고여있는 것이 그의 시 특징이랄 수도 있는데 자신이 쓴 시를 잘 모아두지도 않는 것 같았다.

시작(詩作) 활동을 한지 50여 년이 다 되어 가는데 이제 겨우 네 번째 시집을 묶고 있다. 그것도 마지막 시집을 낸 지가 20여 년이 넘었는데 한 권 묶어야 하지 않겠느냐고 볼 때마다 졸라서 겨우 작업을 진행하고 있다. "종이가 아깝다." "나무에게 미안하다." 등의 말로 한사코 거부하다가 "그럼, 수원시에 관한 것들만 모아서 한번 내 볼까." 하는 마음으로 이 작업을 하고 있는 것이다. 그럼 그가 근근이 모아준 시들 중에서 몇 편을 골라 살펴보기로 한다.

　　본래는 전생의 기억조차 없었던
　　무형체인 내가
　　알음알이로 이 면목의 형체를 지어

　　꽤 오랜 날 살아왔으니
　　이제 그 잡스러운 물건 가득한
　　마음 좀 텅 비우고

　　주어 목적어
　　수시로 형상 짓지 말 것이며
　　바람이나 빗방울, 구름에 순응할 것이며…

　　내가 보고 들은 것은
　　이것이 전부
　　남김없이
　　다 토해내 텅 비었으니

다시 막걸리나 한잔하세

– 「공심돈(空心墩) 앞에서」 전문

공심돈(空心墩)은 공심돈이란 글자의 뜻대로 하면 속이 빈 돈대라는 뜻으로 우리나라에서 유일하게 수원 화성(華城)에서만 볼 수 있는 구조물이다. 돈(墩)은 적이나 주위의 동정을 살피는 망루와 같은 곳으로 적의 공격 시 방어시설로 활용하는 곳이다. 위의 시 「공심돈(空心墩) 앞에서」의 화자는 비어 있는 공간에 주목하고 있다. 공격적으로 살지는 못하더라도 생을 적극적으로 활용하지 못하고 방어적으로만 살아오다가 이제 마음마저도 텅 비워둔 화자의 심상이 공심돈처럼 드러나 있다. 하지만 쓸쓸함보다는 초연함이 보이고 공허함보다는 무상(無常) 무위(無爲) 무념(無念)과 같은 철학적 과정을 녹여낸 삶의 의지 가득한 결연한 기운이 감지되고 있다.

조락(凋落)의 햇살
나뭇가지를 흔들었다
광교산 자락 오래된 절터
상수리나무 밑에 앉아 있는데
바람 속에서
산이 무자화두(無字話頭)를 던졌다
나무가 잘 물든 나뭇잎 몇 개를
떨어트렸다
아무것도 아니라는 듯
자기들끼리 소리 내며 흐르던 물이

나뭇잎을 데리고

　　더 낮은 곳으로 흘러갔다

　　- 「산음(山吟)」 전문

　산음(山吟)은 산(山)을 읊는다는 것인데, 화자는 산과 같이 스스로 무자화두(無字話頭)를 던져 산과 하나가 되는 듯하다. 물심일여(物心一如)로 산을 읊는 것이 스스로 자신을 읊는 것이라 하겠다. 그것은 화자가 산이 되고자 하는 것이며 산이 되어 산처럼 굳건하게 하고자 하는 것으로 보인다. 하지만 그것은 "조락(凋落)의 햇살/ 나뭇가지를 흔"드는 것처럼 상승하는 기운이 아닌 하락의 기세로 스스로 머물겠다는 의지이다. "나뭇잎을 데리고/ 더 낮은 곳으로 흘러" 가겠다는 무념무상인 자연의 흐름에 따르겠다는 것이다. 그래도 화자에게는 무자(無字)이지만 화두(話頭)가 있다. 공(空)이라는 것에는 아무것도 없는 것이 아니라 '비어 있다'는 '있음'이 있듯 아무 뜻도 없는 무자(無字)에는 이루 말할 수 없는 어마어마한 질량의 무게가 담겨 있음을 뜻하기도 한다. 그런 화두(話頭)를 갖고 있다는 것이다. 깨달음을 얻기 위한 화자의 사유 세계의 폭을 잘 가늠하기 어려울 듯하다. 이러한 무자화두(無字話頭)는 조주종심(趙州從諗, 778~897) 스님의 화두로도 유명하다. 이 화두를 바탕으로 한 「산음(山吟)」의 깊은 울림을 생각하게 된다.

　　산에 드니

　　산이 보이지 않았다

삶이여

자네도 혹시 이럴 것인가

사랑

그대 역시

품에 드는 날

자취를 감추고 말 것인가

만유(萬有)가 내 안에 들어

천지 그윽하던 날

산속에서 산이 걸어 나왔다

- 「적멸(寂滅)-광교산에서」 전문

    광교산은 김우영 시인의 시에 자주 등장하고 있다. 광교산의 원래 이름은 광악산이었다고 하는데 고려 태조 왕건에 의해 광교산으로 바뀌었다고 한다. 왕건이 후백제의 견훤을 정벌하고 돌아가는 길에 광악산 행궁에 머물면서 군사들의 노고를 치하하고 있었는데, 이 산에서 광채가 하늘로 솟아오르는 광경을 보았다고 한다. 그래서 부처님의 가르침을 주는 산이라 하여 산 이름을 친히 '광교(光敎)'라고 하였다는 기록이 있다. 또 80년대 후반 경기도에서 발간한 지명유래집에는 "아주 먼 옛날 수도를 많이 한 도사가 이 산에 머무르면서 제자들을 올바르게 가르쳐 후세에 빛이 되었다고 해서 광교산이라 하였다"고 나와 있기도 하다. 광교산에는 창성사(彰聖寺)

를 비롯해서 암자가 89개나 있었다고 해서 명산으로 알려져 있다. 이러한 광교산을 김우영 시인은 자주 오르고 있다. 등산 삼아 오르고 있는 줄만 알았는데 그의 시를 들여다보면 본시 산을 좋아하고 그 속에서 도를 닦듯 산의 정취를 느끼며 자신을 들여다본 것 같다는 생각이 든다. 그의 평소 옷차림 대부분도 등산복 차림이기도 하다. "만유(萬有)가 내 안에 들어/ 천지 그윽하던 날/ 산속에서 산이 걸어 나왔다"는 말처럼 산속에서 수도를 마친 그가 걸어 나오고 있는 모습이 보인다.

다음으로 이어지는 또 다른 광교산의 시를 읽어보며 그와 함께 명상에 잠겨보는 것도 좋을 듯하다.

60 나이 가까이/ 산 그림자/ 물빛/ 풀벌레 소리/ 제대로 보고 듣지 못한/ 청맹(靑盲)의 사내// 돌부처 지고/ 터벅터벅 산길 내려간다/ 밤새 걸어/ 다시 절터로 올라간다// 그래 오늘은 여법(如法)하다/ 해지는 영마루/ 해 뜨는 것을 보니 -「광교, 여법(如法)하다」전문

저 보아라
우러러 고개 드는 나무들
연초록의 풀잎들
하늘의 생각 하나만으로도
저리 충만하지 않느냐
바람결을 따라 이리저리 손 흔들며
고맙습니다 고맙습니다
소리가 들린다
뒤돌아보지 않고 저승으로

오직 저승으로 허청허청 가는 사람

생각도 보인다

그의 등 뒤에

사족처럼 붙은

봄비

− 「봄비−연화장에서」 전문

연화장은 수원시에서 숲속에 설립한 장례식장이다. 이곳에서 화자는 누군가를 보내며 저승으로 떠나는 망자를 배웅하고 있다. 하늘의 순명에 따라 길을 떠나는 망자의 모습이 "바람결을 따라 이리저리 손 흔들며/ 고맙습니다 고맙습니다" 하며 떠나는 듯 이승의 삶에 감사하고 있다. 한(恨)을 남기지 않고 떠나는 모습, "뒤돌아보지 않고 저승으로/ 오직 저승으로 허청허청 가는 사람"의 모습은 망자의 모습이라기보다 화자의 미래지향적 모습이 아닌가 한다. 어떤 생각 하나조차 남기지 않고 저승으로 가듯 이승을 살아낸다면 얼마나 순결하고 아름다운 삶이 되겠는가. 그렇게 이승을 가꾸어야 한다는 삶의 의지가 비치고 있다. 그 뒤에 "사족처럼 붙은/ 봄비"가 그 삶의 의미를 기록해 줄 것만 같다.

성 밖 새술막거리에서

작부 앉히고 진탕 놀다

홍얼홍얼 노래하며 텅 빈 골목길에 방뇨하고

큰길 나와 바라본 팔달산 서장대 위로

오호 달 떠 올랐구나

달빛
성벽 타고 장안문까지 감싸 안으며
깊고 푸른 해자 만들었다
헤엄칠 수 없고
뱃사공 불러 노 저을 수도 없던 그 물줄기

달빛에 막혀 집에 돌아가지 못했다

- 「장안문에서 달빛에 막혀」 전문

위의 시 「장안문에서 달빛에 막혀」는 『장안문 달빛에 막혀 집에 가지 못했다』는 시집의 표제시이기도 하다. 이 시는 사람을 좋아하고 술을 좋아하는 김우영 시인의 평상적인 모습이 잘 드러난 시로 보인다. 굳어짐이 없고 막힘이 없는 김우영 시인이 생각하는 "작부"는 이 세상 삶에 찌들어 사는 현대인들의 모습일 것이다. 흥얼흥얼 달구경을 하다가 "성벽 타고 장안문까지 감싸 안으며/ 깊고 푸른 해자"까지 만든다. 해자는 성 주위에 둘러 판 못을 말하는 것으로 "헤엄칠 수 없고/ 뱃사공 불러 노 저을 수도 없던 그 물줄기"가 있는 곳이다. 마음대로 휘젓지도 못하고 시원하게 뻗어 나가지 못하는 그 답답함을 대변하는 듯한 "달빛에 막혀 집에 돌아가지 못했다" 한다. 여기서 김우영 시인은 무자화두(無字話頭) 대신 '풀다' '벗다' '깨닫다'를 뜻하는 해자화두(解字話頭)를 제시하는 듯하다.

그는 술을 마시다가 취하면 공원에서 잠을 자거나 길바닥 아무 데서나 잠을 자기도 하는데 2, 30여 년 전 나도 그에게 새벽에 불려 나가 술을 먹다가 남문 도로변 길바닥에서 신발까지 잘 벗어놓고 사이좋게 누워서 아침까지 곤하게 잠을 잤던 적이 있었다. 길바닥에서 다른 사람과 함께 잔다는 것이 나에게도 참으로 잊을 수 없는 일이었는데 그의 시를 읽다 보니 "큰노미" "자근노미" 할 것 없이 김우영 시인에게는 많은 "노미"들과 함께 길바닥이나 공원에서 잠을 자는 일이 다반사였던 모양이다. 이 시의 종연 "달빛에 막혀 집에 돌아가지 못했다" 그 이후의 일이 다른 세상의 시작이기도 한 것이다.

그의 지난번 시집 출판기념회 때 그의 시 세계에 대해서 간략하게 말하는 시간이 있었다. 그때 나는 "철학이 끝난 곳에서 시가 시작된다"며 어떤 사상이나 형식, 그리고 기교에 얽매임 없이 자유자재로 구사되는 시라고 했었는데 지금도 그 생각에는 조금도 변함이 없다. 다만 그는 스스로 무자화두(無字話頭) 해자화두(解字話頭) 또는 천하를 사유하는 해자화두(垓字話頭)를 던지며 끊임없는 참선을 하고 있다는 것을 알게 되었다. 그 끝에 나오는 시의 절제미가 있고, 그 시 속에 사람의 향기가 있고, 그 세계 속에 깨달음이 있다.

■□ 『수원시인』 11집 작품수록 필진 소개

□ 수원시인의 시

강희동 / 시집 『지금 그리운 사람』, 『손이 차가워지면 세상이 쓸쓸해진다』, 『세한도』 등. 율목문학상, 경기페문학대상, 한국시학상 본상, 영랑문학상 대상 등 수상.

고은숙 / 2020년 《한국시학》으로 등단. 한국경기시인협회 사무차장

고은영 / 전북 군산 출생. 《문예비전》으로 등단. 시집 『학여울 가는 길』, 『그리움은 학이 되어』 등. 경기시인상 수상.

곽 예 / 경기 양평 출생. 2013년 《한국시학》 신인상 등단. 2010년 시흥문학상, 2016년 한국안데르센상 수상. 시집 『북간도』, 동시집 『송정리 버스정류장』, 저서 『곽예의 독서일기』, 『곽예의 사진일기』. 현재 행복나무 언어치료실 근무.

구향순 / 2007년 격월간 《창작과 의식》으로 등단. 시집 『귀향 연습』, 『바람의 견인』 등. 경기시인상 수상, 한국경기시인협회 회원, 수원시인협회 사무국장.

김광기 / 1995년 시집 『세상에는 많은 사람들이 살고』를 내고 《월간문학》과 《다층》으로 작품활동 시작. 시집 『데칼코마니』, 『시계 이빨』, 『풍경』 외, 저서 『존재와 시간의 메타포』, 『글쓰기 전략과 논술』 외. 수원예술대상, 한국시학상, 수원시인상 수상. 아주대 출강 등. 현재 <문학과 사람> 발행인.

김도희 / 2010년 《스토리문학》으로 등단, 시집 『나의 현주소』 발간.

김석일 / 1949년 수원에서 출생. 시집 『늙은 아들』, 『연화장 손님들』 외 2권. 논문 『詩의 순기능』 외 1편.

김순덕 / 1993년 월간 《순수문학》 시 등단, 《월간문학》 시조 등단. 저서 『너는 해바라기 나는 바람』 외 2권, 홍제문학상, 한국시학상 등 수상.

김우영 / 1978년 《월간문학》 신인상 시 등단, 이후 《시조문학》 시조 추천, 시집 『당신이 외치는 문』, 『겨울 수영리에서』, 『부석사 가는 길』, 『장안문 달빛에 막혀 집에 가지 못했다』 등. 경기문학상, 한하운문학상 대상, 한국시학상 대상 등 수상.

김종두 / 2017년 《국보문학》으로 등단. 시집 『주홍감 홀씨 되어』. 새한국문학 대상 수상.

김준기 / 1977년《無風地帶》동인으로 작품활동 시작. 오늘의 문학상, 한국시학상 등 수상. 시집『반나절의 꿈』,『간재미 보살』등.『詩發』,『푼수』동인. 계간『한국시학』편집위원, 수원시인협회 회장.

맹기호 / 충남 아산 출생. 시집『그리워서 그립다』, 수필집『틈과 여백의 소리』경기문학인 대상, 백봉문학상, 경기수필 작품상, 자랑스러운 수원문학인상, 경기pen문학상 수상. 매탄고등학교장 역임, 경기한국수필가협회 회장, 경기문학인협회 부회장.

박복영 / 전북 군산출생. 1997년《월간문학》등단. 2014 경남신문 신춘문예에 시조. 2015 전북일보 신춘문예 시 당선. 송순문학상. 정읍사문학상대상. 천강문학상 시조대상. 성호문학상 등. 시집『낙타와 밥그릇』외, 시조집『바깥의 마중』등.

박일만 / 전북 장수 육십령 출생. 2005년《현대시》등단. 2011년, 2015년 문화예술발전기금 수혜. 시집『사람의 무늬』,『뿌리도 가끔 날고 싶다』(세종도서 문학나눔 우수도서 선정),『뼈의 속도』등. 제5회 송수권 시문학상 나혜석문학상 수상.

박현솔 / 1999년《한라일보》신춘문예와 2001년《현대시》신인상을 통해 등단. 시집으로『달의 영토』,『해바라기 신화』,『번개와 벼락이 춤을 보았다』와 시론집『한국 현대시의 극적 특성』이 있음. 2005년과 2008년 한국문화예술위원회 창작지원금 수혜. 경기시인상 수상. 현재, <문학과 사람> 주간.

성백원 / 1995년《문예한국》으로 등단. 시집『내일을 위한 변명』『형님 바람꽃 졌지요』『아름다운 고집』등. 경기문학상 작품상, 방촌문학상 등 수상, 오산문인협회 회장 역임.

송복례 / 논산 출생. 시집『내 고향의 추억은 따듯하다』(1999년),『난을 묻다』『하늘에 서와같이 땅에서도』외. 한국가톨릭문학회, 심상문학회 회원.

송소영 / 2009년《문학·선》으로 등단. 시집『사랑의 존재』. 경기시인상 수상.

송유나 / 경기 화성 출생. 2008년《월간문학》으로 등단. 설록차문학상 수상, 중앙일보시조백일장 장원 등. 중앙문인회 회원, 을지대학교, 경기대학교 출강.

신향순 / 2021년《미네르바》로 등단, 시집『목요일에 비가 왔어요』. 문학과 비평 작품상 수상, 미네르바문학회 이사.

윤민희 / 시집『그리움을 위하여 가슴 한켠을 비워두기로 했습니다』,『엇박자』,『책들이 나를 보고 있다』등. 동서문학상. 대한민국 독도문예대전, 전국여성문학대전 동시부문, 오산문학상, 경기도문화예술진흥유공표창 등 수상. 갈담초등학교 교사, 수원시인협회 이사, 오산문인협회 고문.

이강석 / 1958년 화성시 비봉면 출생,《해동문학》추천. 동두천시부시장, 오산시부시장, 남양주시부시장, 경기테크노파크원장.

이경렬 / 1989년《우리문학》으로 등단. 시집『내 강물의 거주지를 위하여』,『삶이 사랑이고 사랑이 삶이라고』,『산객』외 다수. 저서『아직도 가야할 길이 남아있구나』,『원효스님, 그 마음을 찾아서』등. 경기문학인상, 한국시학상, 수원시인상 등 수상.

이광호 / 수원 출생. 시집『자전거를 타다』. 공저『유교 인문학 강좌』등. 현재 모인터 건축사사무소 전무이사, 한국전통예악총연합회 본부이사.

이상정 / 1995년《시와 시인》으로 등단. 시집『감칠맛 나는 시』,『붉은 사막』,『인생계략』외 다수. 경기시인상, 경기문학인 대상, 수원예술 대상, 경기PEN문학 대상 외 다수 수상

이승남 / 2010년 시 전문 계간지《시산맥》으로 등단. 시집『물무늬도 단단하다』외.

이정순 / 2006년《문학시대》로 등단. 시집『아버지의 휠체어』등.

이종구 / 2015년《문학공간》으로 등단. 시화집『멈춰서서 돌아보다』. 시집『태어난 새는 날아야 한다』등.

임병호 / 시집『강』,『그리움은 강물이다』(조병기 허형만 임병호 정순영 4인 시집) 등 28권. 한국경기시인협회 이사장. 문예지《한국시학》발행인.

임애월 / 1998년《한국시학》으로 등단. 시집『나비의 시간』등 6권. 전영택문학상, 한국시학상, 경기PEN문학 대상, 시문학상 등 수상. 계간《한국시학》편집주간.

전영구 / 충남 아산 출생, 2003년《문학시대》로 등단. 2013년《월간문학》수필 등단. 시집『손 닿을 수 있는 곳에 그대를 두고도』,『그대가 그대라는』,『낯선 얼굴』등 5권. 국제PEN한국본부 회원, 한국문인협회 감사. 대표에세이 회원, 한국경기시인협회 이사

정   겸 / 2003년《시를 사랑하는 사람들》로 등단. 시집『푸른경전』,『공무원』,『궁평항』,『악어의 눈』. 경기시인상 수상.

정의숙 / 경기도 화성 출생. 2017년《한국시학》으로 등단. 한국문인협회 회원, 한국경기시인협회 사무차장.

조병하 / 2018년《국보문학》으로 등단.

조영실 / 2016년《한국시학》등단. 2020년 중봉조헌문학상 우수, 2022년 제3회 DMZ문학상 운문 장원. 2023년 제4회 문경새재문학상 대상, 제6회 해동공자 최충문학상 장려. 2024년 제14회 대한민국 독도대전 특별상.

한희숙 / 1985년 전국주부백일장 대상, 2010년《문파문학》등단. 시집『길을 묻는 그대에게』(2012년),『소야생각』(2023년). 2023년 제7회 수원예술인 대상 수상.

허정예 / 강원도 홍천 출생. 2009년 문파문학 신인상 등단. 시집『시의 온도』. 한국문인협회, 수원문인협회 회원. 한국경기시인협회 이사.

홍서의 / 2011년《세계일보》신춘문예 당선. 시집『눈물의 지름길은 양파다』『석곡』외. 홍' 갤러리 대표. 석수서예 한문학 강사.

*특집에 수록된 필자의 연보와 약력 등은 내용 중에 소개되어 있습니다.

문학과사람 시인선 014 | 130×210mm | 126쪽 | 값 10,000원

정숙한 목련

강희동 시집

이번에 일곱 번째 시집 『정숙한 목련』을 출간하는 강희동 시인은 그동안 보여주었던 시적 경향의 연속적 흐름 속에서 한층 더 심도 있는 시들을 보여준다. 그것은 아내에 대한 사랑과 죽음, 슬픔과 그리움 등 가장 근원적인 의식 속에서 끌어올린 것들이다. 아내의 죽음이라는 비극적 상황에서 비롯된 깊은 회한과 비탄, 그리움과 사랑이 한 데 섞인 복잡한 심정을 입체적으로 보여준다. 그동안 살아오면서 느꼈던 감정들이 한꺼번에 시인의 몸과 마음을 강타하는 죽음이라는 특별한 경험 속에서 시인은 모든 것을 기록하고 있다. 이 시집에는 고통의 기억과 죽음의 이미지가 자주 등장하고, 아내에 대한 사랑과 그리움이 절절하게 형상화되고 있으며, 그녀의 영혼을 위로하는 불교적 염원이 나타나고 있다. 그리고 아내의 부재를 사실적으로 인지하려는 현실 인식과 상처 난 마음을 치유해주는 자연의 새로운 발견이 있고, 다시 생에 다가가 보려는 의지와 삶과 죽음에 대한 깨달음을 단계적으로 보여주고 있다. - 박현솔(시인, 문학박사)

■ 대표전화 031) 253-2575 ■ E-mail : poetbooks@naver.com
homepage : http://cafe.daum.net/yadan21

문학과사람 동시동화 004   148×210mm | 186쪽 | 값 12,000원

파브르 학교

곽 예 동시집

자신이 꿈꾸는 세계를 향해 열정적으로 달려가고 있는 곽예 시인의 행보가 예사롭지 않게 느껴진다.

오랫동안 동시와 동시조, 시를 넘나들면서 장르의 특성에 맞는 색깔을 빚어내고 있는 곽예 시인의 언어는 매우 위트 있고 생동감이 넘친다. 그리고 내용적인 측면에서 진정성에 큰 무게를 두고 있던 것이 이번 동시집에서는 내용과 형식의 적절한 조화가 균형을 맞추고 있음을 알 수가 있다. 시인의 두 번째 동시집인 『파브르 학교』는 어린 시절 고향에서의 체험과 가족의 추억, 자연에 대한 상상력, 사물과 대상에 대한 발견, 다양한 형식의 실험, 동물과의 교감으로 인해 형성된 공동체에 대한 믿음으로 가득 채워져 있음을 알 수가 있다. 앞으로 곽예 시인이 펼쳐가는 동시의 세계가 독자들의 사랑을 받으며 더욱 공고해지기를 기대해본다. - 박현솔(시인, 문학박사)

■ 대표전화 031) 253-2575   ■ E-mail : poetbooks@naver.com
homepage : http://cafe.daum.net/yadan21

편집후기

이번 수원시인 특집은 〈2024 수원시인상〉을 수상하는 진순분 시인의 작품을 싣고, 수원시인 소시집으로 김애자 시인의 작품을 실었습니다. 2024년 빛나는 영예의 작품들을 탐독해 보시기 바랍니다.

그리고 수원시인들의 작품과 수원시인들이 집필한 서평을 실었습니다. 매년 똑같이 느끼는 바이지만 모든 회원 분들의 작품과 작품론을 게재하지 못해 미흡하고 아쉬운 결과지만 끊임없이 수원시인들을 조명하고 그 시세계를 알리는 데 언제나 수원시인협회가 앞장서도록 하겠습니다.

수원시인협회는 언제나 회원님들의 건필을 기원합니다. 더불어 시국이 어수선한 시기를 무탈하게 잘 견뎌내시기를 기원드리며 2025년에도 변함없이 더욱 좋은 작품 많이 쓰시기 바랍니다.

〈수원시인〉 편집위원 일동

수원詩人 제11집

발 행 일 : 2025년 2월 10일
편 집 인 : 김준기

고　　　문 : 임병호, 김우영, 김광기
명 예 회 장 : 최영선
회　　　장 : 김준기
부 회 장 : 김애자 이상정 정명희
상 임 이 사 : 임애월
사 무 국 장 : 구향순
이　　　사 : 곽　예 김문선 맹기호 박복영
　　　　　　 서순석 송유나 윤민희 이경렬
　　　　　　 이승남 전대호 전영구 최자영
감　　　사 : 성백원 문방순

발 행 처 : 문학과 사람
발 행 인 : 김광기
　　　　　☎ 031-253-2575

*ISBN 979-11-93841-27-3 03810

값 12,000원